I0838833

Felicità

Felicità

Il Pensiero Positivo Non Basta. Come Gestire
le Emozioni, Costruire Relazioni di Coppia
Efficaci ed Essere Felici Davvero

Marco Cattaneo GOTAM

Titolo originale:

Felicità: Il Pensiero Positivo Non Basta. Come Gestire le Emozioni, Costruire Relazioni di Coppia Efficaci ed Essere Felici Davvero

Pubblicato da: GOTAM CAMDA MEDIA

Editing e Correzione bozze: Claudia Marchione

Immagine in copertina: iStockPhoto, concessa in licenza a Marco Cattaneo

Prima edizione: maggio 2021

Revisione minore: ottobre 2022

ISBN Edizione Cartacea: 9798744541613

Marco Cattaneo GOTAM

Reiki, Meditazione, Massaggio

Seminari e Sessioni Individuali a <u>Roma</u>, <u>Milano</u>, <u>Torino</u>, <u>Bologna</u> e <u>Gran Canaria</u> e, in casi specifici da valutare, <u>a distanza</u>.

www.marcocattaneo.it

Alla Ricerca della Felicità

"Sei felice?" ho chiesto al mio interlocutore almeno tre volte nell'ultimo mese. Così a bruciapelo, nel mezzo di un discorso incentrato su tutt'altro, è una domanda che spiazza un po'. Però so che alla fine tutti, sotto sotto, facciamo ciò che facciamo nella speranza di essere felici e, nella maggior parte dei casi, solo riportando l'attenzione lì riusciremo a risolvere ogni nostro problema. Anche lo squilibrato che afferra la pistola e spara all'impazzata sulla folla o l'assicuratore che emette svogliatamente una polizza per il suo cliente, in fin dei conti, agiscono con *il fine ultimo* di essere felici. Ma lo fanno inconsapevolmente e hanno perso di vista la catena degli eventi che, nella loro mente recondita, hanno stabilito di dover compiere per riuscirci. Cercherò di dimostratelo concretamente in questo libro, affinché tu possa osservare con occhi più compassionevoli le persone che ti stanno attorno e tu stesso riesca a raggiungere la felicità attraverso la via più breve.

In qualità di Maestro di Meditazione e Mindfulness, negli ultimi sedici anni ho aiutato oltre 5.000 persone a raggiungere un obiettivo, risolvere un problema o ritrovare il contatto con loro stesse. Ho ascoltato tante confessioni, seguito le strutture logiche del loro pensiero e sentito dentro di me le loro emozioni. Ho già raccontato tecniche, aneddoti e percorsi in otto libri precedenti e, giunto a questo punto, ho il desiderio di confezionare una *non-magica* ricetta per la felicità. Non sarà un vademecum di segreti né una formula che cambierà improvvisamente la tua vita, bensì un percorso per imparare a goderti l'esistenza e giungere infine a una serena e illuminata quiete interiore, che nessun evento potrà alterare.

Ma che ne sai tu, giovane trentottenne, della felicità? Potresti chiederti. Riconosco che per scrivere questo libro e pronunciarne ad alta voce il titolo per la prima volta ho avuto bisogno di una buona dose di coraggio. Il percorso in fin dei conti è semplice (anche se non facile): tornare gradualmente bambino, ricercando quello stato naturale con il quale tutti nasciamo e al quale tutti abbiamo diritto, ma con l'esperienza di una vita vissuta. E io, quel percorso, l'ho iniziato molto tempo fa.

Anche un bambino piange, ride, prova gioia e dolore come tutti noi. Tuttavia, non confondere le onde naturali della vita con la voce interiore della coscienza che, all'origine e alla fine del nostro percorso, può farci sentire in pace con noi stessi e con la vita intera! La *felicità vera* non è quella che proviamo quando scartiamo un regalo a lungo desiderato o quando ci capita qualcosa di straordinario e inaspettato! La felicità vera la riconquisti quando trovi te stesso e non lo molli più, quando cammini mano nella mano con la tua anima, mentre la vita attorno a te si organizza per farti ottenere anche il successo personale e la ricchezza che desideri.

Poiché sono cresciuto nel tardo ventesimo secolo, sono stato anch'io travolto dall'onda del movimento per lo sviluppo del potenziale umano, dalla moda della crescita personale e della PNL, dalla spiritualità New Age e dallo Yoga, dal Pensiero Positivo e dalla Legge dell'Attrazione. A differenza di altre persone, però, ho cominciato a vivere queste tendenze già all'età di ventidue anni e ho studiato, sperimentato, *cambiato vita* più volte, mettendo sempre in discussione ogni certezza e dedicando i sedici anni successivi alla ricerca di me stesso.

Ognuna di quelle affascinanti espressioni della natura umana è una fase, che in tempi e modi diversi si attraversa e si supera o nella quale capita di rimanere impantanati e delusi a lungo. Tutte nascono dal profondo desiderio di felicità degli esseri umani e, per quanto possano sembrare strade molto diverse, hanno in realtà tantissimo in comune. Ognuna di esse è figlia di un momento evolutivo e di uno stato di coscienza differenti. Quelle discipline ci attraggono e seducono proprio perché stiamo attraversando un determinato periodo. Sia chiaro: non sono qui per sminuirle, tutt'altro! Alcune le insegno e le respiro, altre le uso come bandiera per farmi riconoscere da chi sta attraversando quella stessa fase nel percorso di crescita. Tuttavia, in queste righe mi piacerebbe condurti direttamente alla meta veramente importante, passando per alcuni dei principi di queste discipline e applicando qualche tecnica, aiutandoti a non rimanere invischiato nel dogmatismo o nell'invasamento che alcune portano inevitabilmente con sé.

Perché dovresti leggere questo libro fino in fondo? Perché, se vuoi la felicità vera, nessuna di quelle discipline ti ci porterà. Dovrai attraversarle uscendone indenne, ringraziandole e guardando oltre, tenendo ben presente qual è il fine ultimo.

Dopo essermi appassionato al pensiero positivo, ho scoperto che in realtà il pensiero non è la causa prima di ciò che ci accade, ma è a sua volta una conseguenza. Dopo cinque anni di studio della PNL – e sette di smisurata passione per il suo insegnamento – mi sono reso conto che tende a far credere di essere superuomini e che non è un punto di arrivo, ma di partenza. Quando ho praticato l'istantaneità del cambiamento attraverso la legge dell'attrazione, ho scoperto che tutto ciò che potevo attrarre non mi rendeva davvero felice e che si trattava di una bella iniziativa di marketing basata su principi molto più antichi – e per nulla segreti. Praticando sedici anni di meditazione Yoga, ho capito che la vera sfida non è mantenere gli occhi chiusi durante la sessione, ma tenerli davvero aperti quando questa finisce. Dopo aver appreso tecniche ipnotiche per influenzare le persone, ho realizzato che ero il primo a subire quell'influenza, finendo per non essere più me stesso. Studiando la psicologia umana, ho scoperto che la psiche non è più importante del corpo. Con il Reiki e le tecniche energetiche ho avuto la prova che i risultati non sono mai quelli che ti aspetti. Con ognuna di queste discipline puoi fare solo un pezzetto di strada in più per riconnetterti alla fonte di ogni problema e di ogni soluzione, ma non saranno le loro tecniche o i loro dogmi ad aiutarti e dovrai riuscire a non perderti nelle loro illusioni.

Ho deciso di scrivere questo libro perché la mia felicità l'ho trovata e desidero che anche tu possa conquistare la tua. I principi contenuti in questo libro apriranno la tua mente e il tuo Cuore alla vera gioia, ma solo tu potrai decidere di metterli in pratica e varcare quella soglia senza ritorno.

Aiuto!

All'alba del ventunesimo secolo, il miglioramento personale e la spiritualità di carattere non religioso hanno cominciato ad andare molto di moda. Complici le crisi economiche, sociali e sanitarie che il mondo sta attraversando, sempre più persone sentono il bisogno di guardarsi dentro e di trovare soluzioni autentiche ai loro problemi. La rivoluzione tecnologica ha accelerato le nostre vite: interagendo quotidianamente con smartphone e computer abbiamo imparato a pensare al loro ritmo ed essi sono diventati il filtro delle nostre relazioni interpersonali. La digitalizzazione e la globalizzazione del lavoro hanno impresso un nuovo carattere di stress alla nostra quotidianità e, quando il nostro sistema mente-corpo-spirito si avvicina al collasso, ci ritroviamo a cercare risposte fuori dalle reti che ci imprigionano. L'attenzione allora torna all'interno, richiamata dalle emozioni che superano la soglia critica. Il desiderio di fuggire dall'immane pressione e la volontà di riconnetterci alla natura originale ci aiutano a rispondere alle nostre necessità, a evadere dalla prigione che noi stessi ci siamo costruiti. Abbiamo già la motivazione a cambiare, ma a volte manca il coraggio e di certo vi è poca chiarezza su quale sia la strada da intraprendere.

La prima tentazione è quella di rispondere al quotidiano avvelenamento attraverso l'assunzione di un antidoto. L'attività fisica e le sue moderne varianti olistiche – come lo "Yoga da palestra" o l'incontro settimanale di meditazione – ci tengono a galla e rispondono al *distress* con una periodica apertura della nostra valvola di sfogo. Dopo aver preso una veloce boccata di ossigeno, serriamo bene le labbra e torniamo in apnea, pronti a ripetere il ciclo. Le pratiche New Age rispondono perfettamente al bisogno di ristoro immediato che la maggior parte di noi percepisce e ci impediscono di affondare completamente, come un salvagente mezzo sgonfio che è sufficiente finché lo squalo non ci azzanna le gambe e ci trascina a fondo. Senza ombra di dubbio è meglio avere quella sgangherata zattera di salvataggio piuttosto che affogare immediatamente, ma è evidente che questo non può bastare nel lungo termine e non ci condurrà mai alla felicità vera.

Quando le crisi ci costringono a prendere coscienza dei nostri problemi, dobbiamo trovare la forza di affrontarli apertamente. Spesso l'immediata conseguenza di aver aperto gli occhi è vedere lo schifo che abbiamo davanti e, per nostra natura di esseri umani, tendiamo a volgere lo sguardo altrove.

Piuttosto che risolvere il problema, in buona sostanza, fingiamo di non averlo e *ci culliamo in un'illusione,* supportati da una forma mentis basata sul chi si accontenta gode. Non è per nulla scontato sviluppare consapevolezza e crescere attraverso il proprio percorso. La maggior parte delle persone non vuole davvero farlo, quindi non ci riesce. Qualcuno, invece, fatica a capire che può ambire a una vita più serena, perché nessuno gliel'ha mai insegnato.

La verità è che chi si accontenta gode ben poco e che il minimo che possiamo fare è impiegare la nostra volontà per evolvere verso la felicità. Ma come? Il nostro viaggio condurrà al miglioramento di alcuni aspetti caratteriali, alla guarigione delle principali ferite emotive, all'evoluzione del nostro rapporto con le persone e del nostro modo di pensare, fino agli aspetti spirituali fondamentali che donano una costante serenità interiore.

Affinché questo viaggio possa cominciare, però, è necessaria una chiara volontà a perseverare su questa rotta. Tu ce l'hai?

Piacere e Dolore

Spesso capita di pensare che il contrario della felicità sia il dolore e che, quindi, fuggendo dalle situazioni che ci fanno star male si raggiunga automaticamente uno stato interiore positivo. Se così fosse, la felicità vera corrisponderebbe al piacere effimero che proviamo quando facciamo shopping o gustiamo il nostro cibo preferito. Dentro di te, però, sai bene che non è così. La felicità vera è tutt'altro.

L'essere umano vive grazie a piacere e dolore, estremi opposti in un gradiente di sfumature di emozioni che, alternandosi, lo motivano a muoversi costantemente. Quindi, non ti stupire se l'altalena delle emozioni ti strattona! Augurati che l'oscillazione fra paura ed entusiasmo continui a guidarti nell'evoluzione, perché questo fa parte della nostra natura e non è di per sé un problema.

Immagina, però, cosa significherebbe riuscire a sentire una pace di fondo, una profonda fiducia nella vita che permane anche nei momenti più difficili. Non avresti più paura di attraversare i periodi bui, smetteresti di resistere alle sollecitazioni perché, pur nel mezzo della tempesta, riusciresti a sentire dentro di te *il sereno*. Quella non è un'emozione, ma un sentimento; non si tratta di una reazione a ciò che accade, ma di un'energia che scaturisce da te per il solo fatto di essere vivo. Ti piacerebbe riconquistarla?

Se la cerchi dentro di te, quella sensazione potrebbe riemergere per un istante attraverso le mie parole. L'avevi già quando sei nato. È l'aura che effondono i bambini piccoli nell'ambiente attorno a loro, è ciò che attira l'attenzione e che fa calare il silenzio negli adulti che li osservano. È l'emanazione della saggezza naturale che ognuno di noi possiede e che con il passare del tempo a volte si perde. Diventa il *Nord* che indica la nostra bussola interiore, la meta dell'esistenza che viviamo, la forza che ci permette – e che in un certo senso ci costringe – ad affrontare le resistenze interne e le sfide che ci troviamo sul cammino. Spesso smettiamo di sentirla perché *ci chiudiamo* e quell'energia non scorre più liberamente dentro di noi. Può quasi sembrare un errore della vita, ma non è così. Quel fluido si riduce ma non si annulla, sappiamo inconsciamente di averlo dentro e lo ricerchiamo con insistenza attraverso ogni azione. Se non decidiamo consapevolmente di rivolgerci a quella meta, raggiungerla rischia di diventare una questione di fortuna. Riconoscendo la sua importanza, invece, metteremo assieme le infinite tessere del puzzle e cominceremo a scorgere il disegno che prende forma davanti ai nostri occhi.

Tornando alle emozioni che sembrano distrarci, dobbiamo considerare che esse sono la manifestazione più grossolana ed evidente dei nostri bisogni. Se ho la necessità di essere ascoltato, ma le persone mi ignorano, proverò frustrazione (che mi farà urlare più forte). Quella frustrazione è necessaria affinché la mia voce possa uscire! Se la mia pelle scotta e il mio corpo ha bisogno di mettersi al riparo dal fuoco, il dolore è lì per segnalarmelo. Le emozioni sono un canale di comunicazione fondamentale fra la realtà interna e quella esterna e, come vedremo, permettono ai due mondi di influenzarsi reciprocamente. Ricorda: le emozioni sono il risultato di come trattiamo i nostri bisogni e di quanto noi stessi li stiamo assecondando o ignorando.

Piuttosto, ci sarebbe da preoccuparsi se le emozioni non attirassero la tua attenzione, perché significherebbe che il tuo sistema mente-corpo non sta funzionando al meglio. Già nei primi anni di vita, quando i nostri bisogni non incontrano risposta da parte di chi si prende cura di noi, diveniamo assuefatti all'emozione che scaturisce al nostro interno. Se un bambino viene lasciato solo a piangere, dopo qualche tempo cesserà di esprimere il proprio bisogno di essere accudito, perché smetterà di sentirlo. Questo non vuol dire che quella necessità sarà sparita, ma solo che non verrà più riconosciuta nel corpo. Se invece dell'abbraccio riceverà del cibo, imparerà a soddisfare il bisogno di amore mangiando. Con il passare degli anni, il bambino dovrà sviluppare una personalità e con i tratti di quella personalità dovrà convivere a lungo – a meno che non decida di metterli in dubbio e cambiarli. Se l'adolescente non sviluppa una certa forza interiore e autostima, non riuscirà ad appagare il proprio bisogno di sane relazioni sociali e di accettazione da parte degli altri. Anche in questo caso, ansia e paure segnaleranno dall'interno una necessità difficile da soddisfare. Le emozioni, per quanto importanti, non sempre funzionano come ci aspetteremmo, perché deviate dai nostri traumi. Torneremo a parlarne ancora, perché comprendere e risolvere i nostri schemi emotivi, senza dimenticare i nostri bisogni, è fondamentale lungo la strada per la felicità vera.

Piacere e dolore, nel frattempo, saranno leve che potremo azionare per tenerci in movimento, come estremi opposti di un pendolo che oscilla perpetuo. Per questa ragione, la crescita personale, il raggiungimento di obiettivi, le relazioni e i risultati che otterremo nella vita saranno tanto importanti quanto la meta spirituale alla quale infine giungeremo: ci intratterranno, ci metteranno alla prova, ci faranno vivere davvero la realtà materiale, mentre quella interiore si evolverà di conseguenza, aiutata dal balsamo della consapevolezza.

Un altro aspetto che dobbiamo dare per scontato sono le avversità che incontreremo lungo il nostro percorso: non si tratta di eventi di per sé negativi, bensì di situazioni che entrano in conflitto con le nostre aspettative personali. Se crediamo che una persona rimanga per sempre al nostro fianco, la separazione ci sorprenderà e ci farà soffrire perché striderà con i nostri desideri, obbligandoci a rivedere il nostro concetto di normalità. Un aspetto importante da sviluppare, quindi, è proprio la predisposizione ad accogliere ogni mutamento. In alcune situazioni sarà necessario cambiare perché la vita ce lo imporrà, altre volte il cambiamento sarà la scelta obbligata per raggiungere la realtà che desideriamo.

Confrontarsi con gli altri, realizzare i propri sogni, cadere e rialzarsi... fa tutto parte del gioco della vita e tirarci indietro non ci aiuterà ad arrivare da nessuna parte. Tanto per cominciare, dobbiamo vivere con coraggio. Per farlo, è necessario capire da dove esso scaturisca e comprendere il funzionamento dell'essere umano nel suo insieme.

La Fonte del Coraggio

Il coraggio (dal latino *core agere*, cioè la capacità di agire con il cuore) è una virtù fondamentale, perché nella vita ci permette di trascendere le nostre paure e la rigidità dei nostri schemi logici, muovendoci in direzioni nuove e cavalcando l'onda della felicità vera.

A dispetto del pensiero comune, i neuroni che ci rendono "intelligenti" non si trovano solo nel cervello che abita la scatola cranica, ma anche nel tessuto del cuore e dell'intestino – che la scienza oggi chiama secondo e terzo cervello. La qualità della nostra vita è determinata dall'equilibrio di questi tre centri di elaborazione, che comunicano fra loro e ci aiutano ad agire e reagire. Ognuno di questi tre cervelli, tuttavia, dispone di un tipo diverso di *ingegno*, che nessuno ci ha mai insegnato a sfruttare adeguatamente.

L'encefalo ci supporta con il pensiero creativo-intuitivo e con quello logico-razionale, che segue correlazioni di causa-effetto e attinge dalle memorie del passato per prevedere gli eventi futuri. Il cervello enterico o viscerale è quello attraverso cui viviamo le nostre emozioni più profonde e intense. Infine, il Cuore è il centro dal quale scaturisce la sottile voce dei sentimenti, espressione della nostra coscienza e feedback delle nostre scelte esistenziali.

In particolar modo quando siamo sotto stress – condizione più cronica che occasionale nella vita dell'occidentale medio – siamo portati a reagire e prendere decisioni in maniera del tutto automatica. Tuttavia, la felicità è il frutto di lucidità e consapevolezza, di scelte dettate dalla bussola del Cuore e alimentate dal carburante del coraggio.

Se credi che si tratti di pura filosofia, ti sbagli. Esistono tecniche ed esercizi specifici per governare il potere di ognuno dei cervelli e te li svelerò uno per uno lungo il percorso, perché possano guidarti tangibilmente e tu possa metterli a frutto nei contesti più appropriati.

Entrare in contatto consapevolmente con i due "cervelli somatici" (cioè quelli che si manifestano attraverso le sensazioni del corpo e non attraverso i pensieri della mente) richiede un approccio che alla maggior parte delle persone appare strano o per lo meno nuovo. Tutti ricevono costantemente stimoli dal loro corpo, ma spesso non li ascoltano e, con il tempo, smettono persino di notarli. Complice una cultura che esalta la dimensione estetica, trascurando quella funzionale, conosciamo in misura minima le potenzialità del corpo. Razionalità ed emozioni viscerali ci limitano all'interno della zona di comfort – cioè dell'esperienza di vita conosciuta e sicura – e non favoriscono un movimento libero nel ventaglio delle infinite possibilità. L'intuizione, la creatività e la *voce del Cuore*, al contrario, spaziano oltre i confini dell'abitudine e favoriscono la crescita e la realizzazione dell'individuo.

Non sto dicendo che la logica, la scienza o la razionalità siano negative, ma spesso sono l'unico tipo di intelligenza che consideriamo utile e diventano una gabbia che ci impedisce di vivere liberamente. Una dimostrazione? Il dilagare incontrollato di ansia e attacchi di panico, anche fra i giovanissimi, segno di un'eccessiva valorizzazione del pensiero e una scarsa attenzione ai segnali del corpo.

La felicità vera viene da dentro, come ci insegnano i grandi Maestri del passato. Tuttavia, ciò non significa che vivere appieno, agire e raggiungere obiettivi non sia necessario perché essa si manifesti in tutto il suo splendore. Infatti, in differenti fasi della vita la nostra attenzione dovrà essere focalizzata sulla realtà esterna, piuttosto che al nostro interno dove risiedono le ferite che dobbiamo guarire. Per questo, lungo la maggior parte del percorso, dovremo saperci concentrare su aspetti pratici, di relazione con gli altri, di ascolto del corpo e dei nostri bisogni, affinché la realtà quotidiana possa catalizzare un processo di trasformazione interiore. Man mano che alcuni passi evolutivi verranno conquistati, avremo sempre meno necessità di occuparci consapevolmente delle questioni materiali e potremo rivolgere l'attenzione alle dinamiche intime che ci riguardano. In ogni caso, il coraggio rimarrà una risorsa alchemica straordinaria, capace di sovvertire la linearità logica dell'esistenza.

Esercizio 1: Interrogare i Tre Cervelli

1. Focalizza un problema o una scelta per te importante in questo momento della vita;
2. Porta la tua attenzione alla testa e al pensiero logico, che si esprime attraverso il tuo dialogo mentale;
3. Dedica un paio di minuti a pensare alla questione in oggetto;
4. Porta le mani in grembo, appoggiate sull'addome, e compi alcuni respiri lenti e profondi in quest'area;
5. Ascolta le emozioni viscerali che provi riguardo alla questione in oggetto. Non cercare di dar loro un nome, percepiscile solo come sensazioni in te;
6. Appoggia le mani al centro del petto, nella zona del cuore, e compi alcuni respiri lenti e profondi in quest'area;
7. Ascolta le sensazioni che provi riguardo alla questione in oggetto e, restando in contatto con il tuo Cuore, permetti alla tua mente di tradurre queste sensazioni in pensieri di senso compiuto.

Come Tutto Ebbe Inizio

Il mio personale viaggio verso la felicità iniziò una mattina del 2005 quando, viaggiando come ogni giorno in giacca e cravatta verso l'ufficio e guardando fuori dal finestrino dell'autobus, pensai "La vita non può essere tutta qui!". Avevo ventidue anni, un ottimo lavoro, una fidanzata, una bella casa in una grande città. Guardavo attorno a me e cercavo nelle vie del centro i dettagli sbagliati in quel disegno complessivo, senza riuscire veramente a capire cosa non funzionasse. Paradossalmente, avevo conquistato molto velocemente tutto ciò che desideravo, ma rimanevo insoddisfatto della mia esistenza e non riuscivo a scorgere il senso delle cose. In quella frase che mi ripetevo in testa si nascondeva la profonda consapevolezza che i miei occhi non vedessero davvero ciò che avevo davanti a me e che il mio cuore non riuscisse a godere appieno della vita.

Alcuni mesi più tardi la mia ragazza mi lasciò, perché la relazione a distanza che avevamo condotto per cinque anni era diventata per lei insostenibile e i viaggi settimanali fra Bologna e Roma troppo onerosi per continuare. Mi sentivo distrutto, come quando si perde una parte di sé. Una mattina incontrai una cliente dell'azienda per la quale lavoravo che, guardandomi bene in faccia, mi chiese se mi fosse successo qualcosa. Le raccontai per sommi capi la situazione, per giustificare il muso lungo, e quella mattina sentii parlare per la prima volta di PNL, Programmazione Neurolinguistica. Non ricordo bene come andò la conversazione, ma cercai subito un libro che mi spiegasse qualcosa in più su quella disciplina. Comprai d'impulso "PNL è libertà" di Richard Bandler, un volume spesso che parlava di catene mentali, di malessere e psicologia. Ma non solo. Proponeva, fra gli altri, un esercizio semplice quanto strano: chiudere gli occhi, richiamare nella propria testa l'immagine di un ricordo doloroso e rimpicciolirla velocemente fino a farla diventare un puntino, per disattivare la sensazione emotiva negativa a essa associata. In quel momento ero sopraffatto dai ricordi: non volevo dimenticarli, ma desideravo che smettessero di farmi male – e l'esercizio prometteva esattamente quel risultato. Divorai il libro in pochi giorni (anche se la lettura non era decisamente il mio passatempo preferito). Non potevo dire di conoscere molto sulla PNL, ma avevo fatto mia quella tecnica e più volte al giorno, quando mi accorgevo di essere turbato da nuovi ricordi, mi fermavo e li *puntinizzavo* uno dopo l'altro. Mi sembrava un atto di liberazione continuo, ma non era un rituale o un pensiero astratto, al contrario, si trattava di una vera e propria tecnica mentale che mi alleggeriva ogni volta di più. Ripetendo costantemente quell'esercizio, il mio stato emotivo generale era cambiato completamente nell'arco di un paio di settimane. Quel libro mi aveva letteralmente stravolto la vita. Non solo perché avevo velocemente superato la mia tristezza, ma soprattutto perché mi sembrava di aver scoperto qualcosa di magico, che nessuno mi aveva mai spiegato prima. Negli otto mesi successivi lessi un'altra ventina di libri sul tema e scoprii che la PNL spaziava in tanti campi delle relazioni umane: dal rapporto con noi stessi a quello con le altre persone, dalle tematiche legate al lavoro fino a una connessione con l'universo attorno a noi. Questa disciplina si proponeva come una sorta di "manuale d'uso" della mente e delle emozioni, nato grazie all'osservazione di alcuni terapeuti straordinari degli anni '80 e '90. Studiando e perfezionando le loro strategie, un linguista e un matematico le avevano trasformate in tecniche per gestire il cambiamento. Questi modelli erano spesso gli strumenti più preziosi che gli psicoterapeuti utilizzavano per aiutare i loro clienti. Nel contesto della PNL, però, non erano orientati a curare patologie, bensì a conoscere sé stessi, impiegare al meglio le proprie risorse e portare più ricchezza nella propria vita. Ero estremamente affascinato da quella scoperta. In quel momento non avevo intenzione di intraprendere un percorso di terapia, perché non sentivo di avere alcun problema psicologico da risolvere. Tuttavia, amavo l'idea di capire il funzionamento del mio sistema mente-corpo e di poterlo riprogrammare.

Frequentai i due corsi più brevi ma anche più costosi della mia vita – il Practitioner e il Master Practitioner di PNL, rispettivamente di sei e otto giorni – e ne uscii letteralmente trasformato. Avevo scoperto che il 95% dei problemi potevano essere risolti modificando il modo in cui pensavo o comunicavo con gli altri. Il restante 5%, su cui non avevo il controllo, non mi faceva più star male perché avevo imparato a relazionarmi alle questioni in maniera differente. Ero rimasto particolarmente affascinato dal fatto che lavorando su di me producevo un cambiamento in quel che accadeva *fuori da me*. La nostra esperienza dell'universo, per quanto possa avvicinarsi molto a quella di altre persone, è totalmente soggettiva e personale.

Alla fine, mi dedicai alla PNL per cinque lunghi anni, ripetendo più di venti volte il percorso formativo e tornando a frequentare i corsi per fare tutta la pratica possibile, con scuole diverse e in nazioni diverse. Giunsi infine negli Stati Uniti, dove mi formai come Trainer con il creatore della disciplina, il cui nome avevo incontrato per la prima volta sulla copertina di quel libro: Richard Bandler, da molti definito Il Leonardo Da Vinci dei tempi moderni. In quegli anni la mia vita cambiò radicalmente, smisi di lavorare in azienda e iniziai a insegnare a tempo pieno.

Per la prima volta, la PNL mi aveva dato una visione integrata dell'essere umano, mi aveva mostrato come corpo, mente ed emozioni siano indissolubilmente interconnessi e costituiscano, in realtà, varie facce della stessa medaglia. Attraverso corpo, mente ed emozioni facciamo esperienza del mondo ed essi sono gli strumenti attraverso i quali *navighiamo la vita.*

Inoltre, questa disciplina mi aveva trasmesso un concetto importantissimo alla base delle relazioni con gli altri: le persone che abbiamo attorno rispecchiano esattamente quel che noi siamo, mentre noi rispecchiamo loro... influenzandoci in maniera reciproca, continua e inevitabile. I sistemi sociali ai quali apparteniamo sono il frutto dei nostri sforzi congiunti e noi possiamo scegliere in ogni momento di cambiarli, agendo su noi stessi.

Infine, la PNL mi aveva svelato il segreto delle emozioni: nascono direttamente da noi e, attraverso un atto di coscienza, possono essere trasformate come morbida plastilina.

Capire le Emozioni

Le emozioni, croce e delizia di noi esseri umani, ci caratterizzano e ci tengono in movimento. Grazie a loro, infatti, siamo motivati a interagire con gli altri e con l'ambiente che ci circonda. Un primo grande equivoco del sapere comune è che le nostre emozioni siano il frutto degli eventi esterni a noi. Le neuroscienze – così come un pizzico di autoconsapevolezza – ci mostrano, invece, che è il cervello a innescarle *interpretando* gli stimoli sensoriali che giungono dalla realtà esterna, utilizzando le *regole* che abbiamo interiorizzato con l'educazione ricevuta. Se una persona ci pesta un piede, sono i nostri criteri interiori a decidere se la reazione sarà di rabbia o di divertimento.

Le emozioni sono la chimica e l'elettricità che permettono al nostro cervello di rendere la vita momentaneamente bella o meno bella. Ogni emozione è il frutto di un processo che avviene nella nostra mente. Ogni sensazione che proviamo può aver luogo soltanto grazie a una sequenza di pensieri che ci attraversa in una frazione di secondo.

Esistono solo due modi per gestire le nostre emozioni: programmarle consapevolmente in anticipo, prestabilendo differenti reazioni per il futuro, oppure essere *coscientemente presenti mentre esse si stanno manifestando* e interagire con il processo biochimico in atto. Se non sceglieremo uno di questi due approcci, le nostre sensazioni ci controlleranno e stabiliranno le nostre azioni.

Molte persone storcono il naso al solo pensiero di gestire le proprie emozioni, perché ritengono che questo possa renderle meno *vere*. Ma cosa significa effettivamente essere noi stessi? Il nostro carattere è il frutto di una serie di condizionamenti che abbiamo incamerato soprattutto nei primi mesi e anni di vita. Spesso confondiamo il fatto di essere veramente autentici con il lasciare che le nostre ferite e i nostri traumi emotivi si esprimano senza controllo, sequestrandoci e manifestando una vita senza coscienza. Il fatto che una persona sia più o meno gioiosa, rabbiosa, ansiosa, triste o solare non appartiene alla sua natura originale. Tuttavia, spesso siamo talmente abituati a vivere all'interno dei confini dei nostri schemi emotivi da identificarci con essi.

Essere sereni, in pace con noi stessi e veramente felici nella vita: ecco ciò che siamo davvero – ma dobbiamo riconquistare questo stato naturale scavando con la pala della consapevolezza, attraversando le strutture che abbiamo costruito per sopportare il mondo in cui siamo cresciuti.

Gestire le emozioni può sembrare più facile a dirsi che a farsi, ma non è assolutamente così. Si tratta solo di metterci volontà e attenzione, il resto è tecnica – semplicissima tecnica. Ho insegnato per anni strategie di gestione emotiva a psicoterapeuti, psicologi e persone comuni come te e ti assicuro che la sfida più grande è *scegliere di impegnarsi davvero*.

Nei capitoli precedenti, ti ho accennato che la fluttuazione fra piacere e dolore è un elemento fisiologico della nostra esistenza. Tuttavia, le emozioni negative sono una spia che si accende sul cruscotto della nostra coscienza per segnalare un problema latente da risolvere, mentre quelle positive possono deviare il nostro percorso evolutivo facendoci privilegiare il piacere immediato rispetto ai risultati a lungo termine. Intendiamoci: le emozioni non sono un problema, ma una bandierina che ci indica dove cercare le questioni inconsce da risolvere. Non sto dicendo che le emozioni debbano essere combattute o represse, al contrario, hanno bisogno di essere ascoltate e capite, vissute pienamente, ma anche lasciate scorrere via liberamente. Man mano che il nostro lavoro interiore di consapevolezza progredirà, accadranno due cose fondamentali: gli angoli più spigolosi della nostra personalità verranno smussati e la qualità delle nostre emozioni migliorerà sensibilmente. Vivremo facilmente una vita più piacevole, perché avremo imparato a utilizzare le emozioni per indirizzare le nostre azioni e, nel frattempo, avremo disinnescato le reazioni condizionate inutili che ci mantenevano legati al passato.

Ritornare a sentire

Il sistema nervoso, veicolo degli stimoli emotivi, si abitua alle sensazioni costantemente presenti nel campo percettivo. Come il nostro orecchio smette di sentire i rumori nell'ambiente in cui ci troviamo da tempo, anche la nostra coscienza smette di percepire le emozioni che portiamo con noi da anni – mentre nota più facilmente quelle intense e improvvise. È facile riconoscere un picco d'ansia o di gioia, lo è meno ascoltare un malessere di fondo, un lieve nervosismo o una nota di rabbia che ci accompagna da sempre. Ritornare a sentire gli stimoli già presenti nel nostro corpo, ma ormai lontani dalla coscienza, è la prima necessità imprescindibile di un percorso di *interocezione*. Abbiamo bisogno di spazio, silenzio, tempo per noi e per il contatto con la dimensione fisica. Esercizi di consapevolezza corporea, meditazione in movimento o ginnastica bioenergetica possono essere strumenti utili.

Fai attenzione a non confondere la prestazione fisica e la costruzione di nuove strutture con l'apertura, la flessibilità e l'ascolto del corpo. Molte persone professano il culto dell'estetica e del benessere, ma non dedicano un solo istante a sviluppare la sensibilità del corpo. Persino lo Yoga (disciplina dalla tradizione millenaria che originariamente prevedeva una sola posizione da assumere nel silenzio e nella meditazione) è stato totalmente stravolto e trasformato, nel corso del tempo, in una ginnastica antistress bruciagrassi, spesso trasmesso da insegnanti ignari della sua origine.

Ascoltare il corpo significa sviluppare un rapporto intimo con la propria fisicità, percepirne i minimi segnali e cambiamenti, rispettarne le necessità e favorirne l'adattamento ad ambienti e circostanze.

Imparare a leggere il linguaggio del nostro stesso corpo, ad esempio, può permetterci di scoprire che un'infinita serie di sensazioni già presenti in noi (che nemmeno chiamiamo abitualmente "emozioni") hanno in realtà un preciso significato e si manifestano abitualmente attraverso il soma: quando mi gratto la nuca, sto provando una sottile forma di vergogna; quando sorreggo la testa toccando la fronte, sto vivendo sconforto. L'auto-osservazione può inizialmente supplire al *sentire profondo* (che spesso ci manca) e può essere impiegata come *fil rouge* per riscoprire la consapevolezza corporea.

Poiché ci accompagnano da una vita, fatichiamo a notare i nostri schemi. Accogli le osservazioni delle persone care attorno a te o rivolgiti a dei professionisti, perché loro si accorgeranno più facilmente di quali abitudini emotive sarebbe più utile scardinare.

Molti meccanismi psico-corporei ci possono impedire di entrare in contatto con emozioni del passato, che tuttavia esistono in noi come zavorra e consumano energia. Spesso razionalizziamo (cioè usiamo il ragionamento per girare attorno a un'emozione e non sentirla), rimuoviamo (cioè dimentichiamo l'innesco mentale che dà luogo alla sensazione), annulliamo, isoliamo, inibiamo o neghiamo un'emozione. In tutti questi casi, il sistema mente-corpo non percepisce lo stimolo cinestesico vero e proprio. In altre situazioni, l'emozione può tramutarsi direttamente in un disturbo funzionale del corpo per somatizzazione.

Capire il significato

Dopo aver riconquistato il contatto fisico con le nostre emozioni, giunge il momento di *ascoltarle* per raccogliere il messaggio che trasportano.

Nel ventaglio delle sensazioni che possiamo provare, è utile distinguere fra gli istinti (più vicini alla nostra natura animale, come fame, attrazione sessuale, sopravvivenza), le reazioni viscerali ricorrenti (che chiamiamo comunemente emozioni, come paura, rabbia, tristezza, sorpresa, allegria) e i sentimenti superiori, collegati al Cuore (come amore, gratitudine, entusiasmo, serenità). Ogni emozione è legittima, ma non tutte hanno una precisa ragion d'essere nel presente. Spesso, infatti, sono solo il frutto di uno schema che si ripete da sempre e che può essere disfunzionale sia per la nostra crescita che per la qualità della vita.

Ai tempi della scuola possiamo aver imparato a reagire con ansia all'avvicinarsi di un'interrogazione, con lo scopo originale di prepararci adeguatamente e non fare scena muta. Tuttavia, quest'abitudine può essere rimasta con noi e l'ansia può essersi trasformata in panico che oggi ci impedisce di affrontare qualunque esame della vita. Magari un'insicurezza, originariamente votata a difenderci da pericoli reali e frutto di una giusta attenzione da parte dei genitori, può essersi evoluta in bassa autostima e terrore di affrontare qualunque novità quotidiana. Una sana abitudine a sentirci forti delle nostre capacità, sviluppata nei primi anni di vita, può essere diventata egocentrismo e senso di superiorità nei confronti degli altri, con la conseguenza di precluderci rapporti autentici.

Pur ricevendo ogni giorno un'infinità di stimoli, alcuni sono evidentemente più frequenti e limitanti. Quelli che non sono in linea con la persona che vogliamo essere meritano di essere osservati e compresi a fondo. Una sensazione che produce conseguenze negative, infatti, può comunque servirci per mantenere l'equilibrio globale che abbiamo creato in noi e per questo si dice che porti con sé un *beneficio secondario*. Affinché questo aspetto si evolva in qualcosa di più utile, possiamo indagarlo chiedendoci quale sia – paradossalmente – il vantaggio che otteniamo da quello schema emotivo e rispondendo di getto ad alta voce. Ad esempio, una paura può essere nata originariamente per evitarci di visitare un luogo o di avere a che fare con un certo tipo di persone… e inconsciamente abbiamo "scelto" di accettare fino a oggi quel limite, perché ci faceva comodo.

Nella maggior parte dei casi, l'emozione che viviamo è solo il frutto di un'abitudine ripetitiva, perché il vantaggio originale per il quale è stata creata non ci serve più. Come vedremo, possiamo ringraziarla per il lavoro svolto e lasciarla andare.

In ogni caso, non dovremo mai considerare le nostre emozioni *sbagliate* o *negative,* ma piuttosto uno stimolo presente che proviene da schemi del passato e che possiamo modificare per il futuro. Al di là della risoluzione di quelli che puoi considerare come gravi problemi emotivi (da affrontare con un professionista), ti suggerisco di conoscere te stesso e le tue reazioni, di studiarle, osservarle e scoprirle con curiosità. Quel che è certo è che il panorama emotivo di una persona davvero felice è molto diverso da quello di una persona che non lo è – e non solo in termini qualitativi.

Emozioni e bisogni fondamentali

Ricorda che le emozioni sono l'espressione di quanto i tuoi bisogni fondamentali siano soddisfatti da te e dal mondo in cui vivi. Nel modello dello psicologo Abraham Maslow, ogni individuo deve soddisfare cinque bisogni fondamentali: sopravvivere e riprodursi, sentirsi sicuro e avere l'essenziale per la sua incolumità, appartenere ed essere riconosciuto e stimato da altri gruppi sociali e, infine, contribuire e sentirsi pienamente realizzato. Nel modello di Anthony Robbins, i bisogni fondamentali sarebbero invece sei: sicurezza, varietà, importanza e riconoscimento, amore e unione, crescita e, infine, contributo. Qualunque sia lo schema preso in considerazione, quando le nostre necessità non sono soddisfatte dalla vita che conduciamo, le emozioni che proviamo lo segnalano prepotentemente e ci spronano a cambiare. Questo meccanismo crea, sin dai primi mesi di vita, la maggior parte delle nostre modalità di reazione.

Tuttavia, la manifestazione emotiva di un bisogno può essere stata influenzata da vari meccanismi, come la compensazione (sviluppo di un tratto caratteriale o di un comportamento che serve a iper-compensare un problema emotivo), l'identificazione (una sorta di imitazione di una persona per noi importante, della quale acquisiamo le necessità), la regressione (assunzione di uno stadio evolutivo precedente, associato ai relativi comportamenti), la formazione reattiva (sviluppo di uno schema opposto rispetto al bisogno reale), la proiezione sugli altri (ribaltamento di un bisogno-emozione su un'altra persona, anche se in realtà è nostro) o la proiezione su oggetti esterni (creazione di fobie, paure o manie che attribuiscono l'emozione alla presenza di una situazione o un oggetto esterno).

Essere presenti alle emozioni

Nel preciso istante in cui un'emozione si manifesta in noi, che ci piaccia o no, dovremmo cogliere l'occasione per viverla pienamente. Nel caso delle emozioni disfunzionali, questo ci permetterà eventualmente di capirle, ma soprattutto di *consumare la loro energia* e lasciarle andare.

Quando la nostra coscienza riesce a vivere fino in fondo un'emozione, questa non può che trasformarsi – a volte spegnendosi, altre sublimandosi. Quando si reitera nel tempo, innescata da un pensiero più o meno cosciente sul quale continuiamo a ritornare, significa che le stiamo *resistendo*, senza ascoltarla realmente.

Un'emozione permane in vita fintanto che non la seguiamo agendo nella direzione indicata, non la disinneschiamo ascoltandola fino in fondo o non la "riprogrammiamo" per il futuro.

Esercizio 2: Ricomincia a Sentire ciò che Provi

1. Fermati un istante proprio adesso, dopo aver terminato la lettura delle istruzioni, e chiudi gli occhi;
2. Ascolta le sensazioni presenti nel corpo, riconosci ciò che caratterizza il tuo umore in questo momento;
3. Dai un nome a ogni emozione, dalla più sottile alla più evidente.

Ripeti questo semplicissimo esercizio più volte al giorno, sempre e rigorosamente a occhi chiusi, per abituarti a riconoscere ciò che provi, ma che normalmente non senti.

Ricorda che non esiste un solo istante privo di emozioni all'interno del corpo! Se non senti nulla, non stai ascoltando abbastanza bene.

Esercizio 3: Riconosci il Significato di ciò che Senti

- Quando provi un'emozione che attira la tua attenzione, fermati un istante, chiudi gli occhi e chiediti: *A quale bisogno insoddisfatto corrisponde quest'emozione?* Ascolta la tua risposta interiore spontanea.

- Quando provi un fastidio o un dolore nel corpo, fermati un istante, chiudi gli occhi e chiediti: *Quale emozione nasconde questo dolore o fastidio? Quale significato ha per me questo dolore?* Ascolta la tua risposta interiore spontanea.

- Quando ti accorgi di aver compiuto un gesto fisico automatico (colpo di tosse, grattarsi, cambio radicale di postura), fermati un istante, chiudi gli occhi e chiediti: *Quale emozione sottile ha dato luogo a questo gesto?* Ascolta la tua risposta interiore spontanea.

Gestire le Emozioni

Al di là del lavoro profondo di riprogrammazione emotiva, che difficilmente può essere affidato alle pagine di un libro, desidero condividere con te alcuni suggerimenti per gestire le emozioni più frequenti che proviamo nella quotidianità. Se dolore, tristezza, paura, ansia e rabbia non verranno affrontate nel momento in cui si presentano alla nostra coscienza, infatti, metteranno a rischio la stabilità delle nostre relazioni e la nostra capacità di ottenere ciò che vogliamo nella vita.

Possiamo ridurre l'interferenza che ci impedisce di sentire la nostra naturale serenità, per giunta con tecniche molto semplici! È importante ricordare sempre che le emozioni non sono realmente correlate agli altri o agli eventi esterni, ma provengono da noi stessi e per questo dovremo imparare ad assumercene la piena responsabilità.

Come quietare l'ansia

L'ansia nasce da un modo disfunzionale di pensare al futuro, con il quale *creiamo* pericoli nella nostra mente e li associamo a situazioni che potremmo ritrovarci a vivere. Il rimedio più semplice per dissipare l'ansia è un respiro consapevole, collegato al rilascio della tensione fisica. La connessione mente-corpo, infatti, può agire in maniera biunivoca: così come la mente modifica il corpo (attraverso le sostanze chimiche rilasciate), il corpo può influire sullo stato mentale-emotivo. Quando ci riconosciamo a vivere uno stato d'ansia, dobbiamo impegnarci a respirare in maniera lenta e profonda, allungando la fase dell'inspirazione, trattenendo per un paio di secondi il fiato ed espirando ancora più lentamente. Possiamo contare mentalmente fino a quattro, gonfiando pancia e torace, trattenere contando fino a due e infine espirare contando fino a sei. Ripetendo questa sequenza con determinazione tre o quattro volte, il nostro stato emotivo si quieterà. Dovremmo impegnarci anche a rilasciare eventuali tensioni fisiche percepite durante la respirazione controllata (soprattutto su viso, spalle e arti). Nella sua estrema semplicità, questa tecnica non richiede che un pizzico di volontà. Non servono strumenti o aiuti esterni: così come stiamo creando l'ansia, possiamo consapevolmente dissolverla.

Come rilasciare la rabbia

La rabbia è un'emozione primordiale, che spesso sorge dal senso di impotenza e dalla pulsione a reagire con forza a una situazione che ci vede imprigionati (realmente o metaforicamente). Se viviamo frequentemente questa emozione, dobbiamo probabilmente svolgere un lavoro di *empowerment* – ovvero pensare in maniera differente e allenarci a trovare strade nuove per reagire alle situazioni che ci si presentano. Quando ci accorgiamo di covare rabbia, abbiamo bisogno di sfogare fisicamente la sua energia. Il modo più semplice per farlo è dirigerla verso un fantoccio (come un grande cuscino), impiegando in sicurezza i pugni o uno strumento casalingo e vocalizzando ad alta voce la nostra emozione. Questi due elementi assieme ci permettono di rievocare la rabbia e rilasciarla, senza cadere nel tranello di riversarla inconsapevolmente su altre persone.

Come trasformare tristezza e dolore

Per elaborare tristezza e dolore dobbiamo agire dentro di noi. Il primo suggerimento è di non *razionalizzare* (cioè di non cercare cause o spiegazioni), altrimenti creeremo sofferenza, ulteriore attrito e resistenza. È invece utile vivere queste emozioni nel corpo, piangerle se necessario, rimanere in connessione con la sensazione cinestesica vera e propria. Essa è spesso nascosta dietro reazioni più evidenti (come la rabbia) ma, quando giungiamo a quello strato emotivo, non rimane che viverlo fino in fondo e lasciare che si dissolva. Si è spesso portati a pensare che alcuni eventi della vita, come lutti e rotture sentimentali, richiedano necessariamente molto tempo per essere superati. In realtà, il tempo serve quando non ci permettiamo di vivere il dolore completamente e questo si trasforma in sofferenza. Prenditi almeno un paio d'ore di tranquillità, recati in un luogo dove tu possa avere il supporto della natura e della sua energia. Se sono tristezza e dolore le emozioni che senti affiorare in te, accoglile senza giudizio e senza cercare di comprenderle. Abbracciale e vivile, immergendoti pienamente in loro, starai velocemente meglio ed eviterai di portarle con te come zavorra. Dopo aver consumato queste emozioni, rilassati, resta steso a terra e riposa.

Come superare la paura

Nasciamo solamente con due paure: quella del vuoto e quella dei rumori forti, per mettere istintivamente le mani avanti in caso di caduta e per proteggere il nostro delicato timpano. Tutte le altre paure che proviamo sono state apprese nel corso della vita. A prescindere dalla loro origine, le paure hanno lo scopo di difenderci da un pericolo. A meno che tu non abbia di fronte un leone inferocito o situazioni che attentino direttamente alla tua incolumità, ciò che provi è frutto dei tuoi stessi pensieri e, quindi, può essere superato. Il genere di paure che più frequentemente ci ritroviamo a vivere riguarda in qualche forma le relazioni sociali, ovvero la nostra espressione in rapporto ad altre persone. Riconoscerne la natura irrazionale è il primo passo e, abbinando la volontà di trasformarle alla tecnica più opportuna, riusciremo facilmente a compiere un passo avanti. Anche le fobie (reazioni condizionate caratterizzate da un grado ingestibile di paura) possono essere superate in breve tempo con le tecniche appropriate. Molto spesso, però, rimangono con noi per via di un vantaggio inconscio che le supporta e per poca volontà di lavorarci su. Gli errori più comuni in questo campo sono il credere di *essere fatti così*, pensare che cambiare certi schemi emotivi sia difficile e cercare di superare le nostre paure combattendo con la sola forza di volontà (niente di peggio per sprecare energia fisica e psichica!).

Se potessi guidarti dal vivo nella trasformazione di una tua paura, ti inviterei a sentire la sensazione che provi nel corpo, immaginare di portarla fuori da te, vedendola ruotare davanti ai tuoi occhi, per poi ribaltarla, vederla girare in senso opposto e reintegrarla all'interno percependola in maniera differente. Questo esercizio cinestesico – nella sua estrema semplicità e straordinaria efficacia – spesso incontra la resistenza della mente razionale, che ritiene non possa essere così semplice eliminare una paura. Inoltre, alcuni presupposti insiti in questa procedura richiedono che venga adattata al soggetto che dovrà applicarla e quindi non possono essere affidati solo alle pagine di un libro. Ti posso assicurare, però, che con un po' di dimestichezza questa semplice tecnica può farti sperimentare la trasformazione di una paura in un'altra emozione positiva.

L'ultima volta che ho insegnato questa pratica a un gruppo di psicoterapeuti, uno di loro mi ha chiesto ironicamente di non divulgare troppo queste informazioni, altrimenti avrebbe perso il lavoro!

Fare i conti con l'insicurezza

Più ancora che di specifiche paure, la nostra società è permeata da un male endemico: l'insicurezza e il timore diffuso. Bassa autostima, una ristretta zona di comfort e un livello basale di stress che ci accompagna per anni compongono la ricetta perfetta per ottenere rimpianti e insoddisfazione (senza nemmeno dover chiamare in causa traumi infantili o condizionamenti dei media, come quelli che abbiamo subito per mesi durante il periodo della pandemia). Per quanto la maggior parte delle persone pensi ancora alla psicologia come a un rimedio per pazzi psicotici, la cultura occidentale sta lentamente cambiando a favore di una sana curiosità rivolta ai meccanismi di funzionamento della mente, della quale i più giovani cominciano a interessarsi sempre più frequentemente. Per iniziare il tuo viaggio nel miglioramento dell'autostima e nella riprogrammazione dei tuoi comportamenti condizionati, ti suggerisco il libro "Convinzioni:

Conosci Te Stesso per Cambiare la Realtà" (https://got.am/convinzioni).

Come controllare gli istinti primari

È piuttosto facile gestire in autonomia le emozioni più comuni, ma ritengo sia necessario farsi aiutare per riconquistare il controllo dei cosiddetti istinti primari: fame, desiderio sessuale, paura della morte. Similmente alle dipendenze fisiche da sostanze psicoattive, essi possono costituire uno stimolo più forte di ogni volontà.

In ogni caso, per lavorare attivamente sulle manifestazioni limitanti del proprio carattere, consiglio spassionatamente di frequentare un corso Practitioner in PNL o di richiedere l'aiuto diretto di un praticante esperto della disciplina.

Esercizio 4: Ritornare a uno Spazio di Lucidità Interiore

Puoi sperimentare questo esercizio in qualunque momento tu voglia ritornare a uno stato interiore di lucidità, neutralità e pace, a partire da qualsiasi condizione emotiva precedente.

Leggi una prima volta le istruzioni ed esegui l'esercizio senza rifletterci troppo e senza razionalizzare. Durante l'esperienza, permetti alla tua mente di fare naturalmente ciò che sa fare.

1. Prenditi un momento di raccoglimento e resta in contatto con le sensazioni che provi;
2. Ascolta il tuo stato emotivo e dai un nome all'emozione preponderante che percepisci in questo momento;
3. Fai un respiro profondo e poi, espirando, *fai un passo indietro* rispetto a quell'emozione, dissociandoti da essa, lasciala allontanare fino all'istante in cui non la senti più;
4. Ascolta il tuo nuovo stato interiore e dai un nome alla nuova emozione preponderante che percepisci in questo momento;

5. Prosegui facendo un passo indietro rispetto alla nuova emozione, finché non giungerai a uno stato interiore completamente lucido, neutrale e di pace.

Ripeti la tecnica in momenti diversi, soprattutto se non hai ottenuto un risultato soddisfacente. Quando l'esercizio è eseguito efficacemente, si percepisce una sensazione di beatitudine.

Sviluppare Consapevolezza

Negli stessi anni in cui iniziai a interessarmi ai meccanismi di funzionamento dell'essere umano, incontrai anche la pratica della meditazione – che rispondeva al ritmo forsennato della vita e alla fame di conoscenza con un allenamento all'immobilità e alla mente sgombra. Fu una sfida senza precedenti, che all'inizio faticavo a comprendere fino in fondo. Mi sentivo attratto da quella pratica, anche se facevo un'immensa fatica a gestirla. Concentrarmi sul respiro era una lotta contro me stesso e contro l'affollamento di pensieri che avevo in testa. Proprio sforzandomi di accedere a uno stato di calma interiore compresi di essere realmente molto lontano dalla meta. Servirono quattro anni perché la meditazione diventasse un'abitudine solida. Durante quel periodo mi resi conto che andare più in profondità nel rapporto con me stesso mi stava permettendo di vivere pienamente anche le relazioni con gli altri.

Con il tempo iniziai a prendere consapevolezza che molto di ciò che credevo funzionare bene nella mia vita, in realtà, era finto, superficiale e a volte un vero disastro. Toccai con mano una ridefinizione radicale della mia scala di giudizio. Basandomi sulla mia esperienza e su quella delle persone attorno a me, ad esempio, ero convinto che il mio rapporto sentimentale valesse otto punti su dieci, ma l'amara realtà che assaporai negli anni era che la scala non si fermava a dieci… ma proseguiva fino a cento! Il mio otto, di conseguenza, aveva assunto un significato completamente diverso. La stessa cosa accadde nel lavoro, nel rapporto con la mia famiglia d'origine, con la città in cui vivevo, con il mio stesso corpo. Stavo gradualmente cominciando ad aprire gli occhi su una realtà che fino a quel momento non ero minimamente riuscito a scorgere. Ci volle coraggio, soprattutto per attuare i cambiamenti che a quel punto erano diventati necessari e che, prima di tutto, erano un dovere verso me stesso.

Ma com'era stato possibile passare una vita intera senza accorgermi di nulla? Dopo aver accettato che c'era tanto da cambiare, quella domanda tornava implacabilmente nella mia testa. La PNL mi aveva insegnato che la realtà vissuta individualmente non ha nulla a che fare con il mondo vero là fuori. La mente, condizionata dal passato, gioca a mantenere in vita il teatrino che ci siamo costruiti. Ne parlavano già antiche filosofie, religioni e libri, sul piano cognitivo sapevo già la risposta. Su un piano somatico, però, solo con il tempo iniziai a percepire la vera e propria rivoluzione: una disgregazione quasi *fisica* della realtà che conoscevo.

Di alcune cose ci accorgiamo, ma moltissime altre accadono fuori dai radar della consapevolezza. La gestione di pensieri, emozioni e azioni avviene attraverso un intricato sistema di regole che il nostro inconscio ha registrato e tramite cui prendiamo decisioni in ogni istante. Le esperienze del nostro passato (soprattutto quelle dei primi anni di vita) hanno stabilito quelle regole e di loro non ci possiamo liberare, se non con un lavoro di auto-osservazione e trasformazione intenzionale. Quel che chiamiamo carattere e persino molte delle nostre reazioni fisiologiche non sono altro che il risultato di un insieme di mattoncini costruito nel tempo. Se da una parte dobbiamo accettare di non avere il totale controllo su noi stessi, dall'altra dovremmo consacrare l'esistenza alla comprensione della nostra mente sommersa – oltre che ad allenare la parte conscia affinché diventi *sempre più presente*.

Mentre continuavo a studiare i meccanismi di funzionamento della mente analitica, cominciavo anche a riconoscere l'esistenza di una parte di me che ne trascendeva i limiti: la coscienza.

Non intendo demonizzare la mente né ripetere inutili mantra come "la mente mente" (anche se molto di moda), perché sarebbe come volersi tagliare un braccio per supplire al desiderio di avere la pancia piatta: semplicemente sciocco! Il punto non è fare a meno della mente razionale, ma equilibrarla con le altre parti che abbiamo persino dimenticato di possedere: l'intuizione, la creatività, l'etica naturale, l'empatia, la sensibilità cinestesica, l'intelligenza emotiva, sociale, ambientale e così via. Fino a un recente punto di svolta, queste componenti erano gravemente trascurate nella nostra cultura e la loro mancanza ci ha portato a danneggiare noi stessi e l'universo in cui viviamo.

L'approccio riduzionistico, che ci ha abituato a pensare separatamente alle singole parti di un sistema – piuttosto che osservare il tutto in maniera completa e integrata – non ci condurrà mai alla felicità vera, ma solo all'impoverimento. Più sviluppiamo consapevolezza dei sistemi complessi (il sistema mente-corpo, i gruppi sociali di cui facciamo parte, fino a includere l'universo intero), più le nostre azioni arricchiscono noi e gli altri. Non si tratta di una nozione, bensì di una chiara sensazione, che sorge in noi quando la coscienza si espande.

Con il tempo, meditare è diventato un momento quotidiano di ritorno alla mia reale natura e ha smesso di essere una lotta. All'inizio, come accade spesso, ci si rifugia nella meditazione per scappare da quegli aspetti della quotidianità che non sopportiamo, ma poi ci si arrende alla necessità di migliorare tangibilmente la propria vita, affinché si avvicini alla consapevolezza sviluppata durante la meditazione.

Il Pensiero

Come abbiamo visto, le sensazioni che proviamo dentro di noi sono innumerevoli e si rincorrono continuamente in ogni istante della giornata. Non si tratta solo di emozioni intense che sequestrano la nostra attenzione in singoli momenti, ma anche di sottili dubbi, momentaneo senso di smarrimento, frustrazione e persino giudizi in merito alle emozioni stesse. Poiché, come ho già sottolineato, ogni sensazione deriva effettivamente dal nostro pensiero, padroneggiare le derive della mente sarà essenziale. Da essa dipendono anche il nostro focus, le nostre interpretazioni della realtà, le decisioni e la motivazione. Imparare a gestire il pensiero consapevolmente può permetterci di dare alla nostra esistenza una direzione ben precisa, nonché di comunicare direttamente con l'inconscio. Non si tratta banalmente di "pensare positivo", questo significherebbe solo smussare la punta dell'iceberg, ignorandone la maggior parte sommersa e creando addirittura una dissonanza fra come pensiamo e cosa sentiamo di pancia.

La mente è uno strumento straordinario, che ci rende più evoluti rispetto a qualunque altro animale, ma nessuno ci insegna a usarla attivamente. Così diventa semplicemente un'altra parte di noi dalla quale veniamo tenuti in ostaggio. Inoltre, normalmente siamo immersi nella realtà sensoriale esterna e, finché abbiamo gli occhi aperti e le mani in movimento, facciamo poco caso a ciò che accade al nostro interno. Come le emozioni, anche i pensieri si fanno notare solo quando accade in noi qualcosa di straordinario, mentre ci controllano silenziosamente per tutto il resto della vita. Per invertire questo paradigma, è necessario cominciare ad accorgerci di come funziona la nostra mente e dei principi che la guidano.

La struttura del pensiero

I nostri pensieri possono essere classificati in categorie. Abbiamo pensieri *passati*, ovvero ricordi che emergono spontaneamente, e pensieri *presenti*, che possono riguardare ciò che sta accadendo o ciò che crediamo accadrà.

Abbiamo pensieri che si esprimono sotto forma di *immagini*, *filmati* o *suoni*. Possiamo pensare anche attraverso il *dialogo interiore*, ovvero una o più voci con le quali ragioniamo nella testa.

Per ultime, esistono le *intuizioni* – di cui non mi occuperò in queste pagine, perché oggetto di due libri precedenti ("Intuizione" e "Tecniche Avanzate per l'Intuizione", https://got.am/intuizione).

Ogni pensiero ha un *contenuto* e una *forma*: il contenuto è ciò che impegna la nostra mente (ad esempio, *pensa a un limone succoso, tagliato da un coltello, dal quale fuoriesce l'aspro succo*), la forma è il modo in cui pensiamo, ciò che dà origine alla sensazione-emozione che ne consegue (puoi pensare a un limone che gronda succo attraverso *un grande filmato in movimento, a colori, sentendo persino il rumore delle vescichette che si rompono*).

L'origine del pensiero

Il pensiero può *sorgere nella mente* in diversi modi: indotto da una forma di comunicazione (registrata, dal vivo o scritta, come puoi avere sperimentato con il paragrafo precedente), per associazione stimolo-risposta (ad esempio, vedo con gli occhi un luogo che già conosco, ricordo *automaticamente* cosa mi è accaduto in quel luogo) o per intenzione consapevole (scelgo di immaginare un prato con l'erba viola e alti alberi).

Il pensiero può anche essere riflessivo, cioè può avere origine da una considerazione sul pensiero stesso (mi immagino avere successo nel raggiungere un obiettivo, quindi sono orgoglioso di me e mi considero una grande persona).

Gli effetti del pensiero

Un pensiero può generare un'*impressione*, cioè il salvataggio in memoria di una nuova associazione stimolo-risposta (vedo un cadavere, ne rimango colpito, l'immagine-sensazione viene registrata dentro di me) o può richiamare un ricordo già immagazzinato in precedenza (penso al mio divano di casa e mi viene in mente quanto sia comodo).

Coscienza del pensiero

Ogni pensiero può essere oggetto della nostra attenzione oppure rimanere inconscio, cioè lontano dai nostri radar. Spesso è proprio l'emozione generata dal pensiero a segnalarci la sua esistenza. Quando mi accorgo di una sensazione fastidiosa, posso chiedermi: *Come ho pensato per generare questa sensazione?* E fare immediatamente caso alla risposta che sorge in me, cioè al pensiero stesso che ritorna in mente. Prendere coscienza dei nostri processi mentali è una risorsa preziosissima, perché il nostro atteggiamento nei confronti della realtà ne è costantemente influenzato. La nostra serenità, per gran parte della vita in misura determinante, dipende dalla qualità del nostro pensiero.

Direzionare il pensiero

Gli stimoli sensoriali e i messaggi che riceviamo dalle persone attorno a noi attirano abitualmente la nostra attenzione e, in questo modo, stabiliscono la direzione del pensiero. Il focus, cioè la rotta della mente, è un elemento che da sempre subisce l'influenza esterna. Ad esempio, pensa all'abitudine scolastica di sottolineare in rosso gli errori commessi: qual è la sua conseguenza? Che la mente sarà portata per tutta la vita a notare gli sbagli piuttosto che concentrarsi sulle parti corrette. Anche in questo caso, assumere il controllo e dirigere consapevolmente le nostre risorse può essere determinante. Lungo il cammino verso la felicità vera, dovrai allineare la percezione a ciò che è più importante per te: ciò che ti fa star bene. Si tratta di un allenamento costante, a cui dobbiamo dedicarci giorno dopo giorno, perché la nostra realtà dipende in gran parte da dove portiamo il focus e da quali informazioni ci nutrono. Non dobbiamo cadere nell'errore di essere legati rigidamente alla nostra esperienza sensoriale: essa non rappresenta in nessun caso la realtà che ci circonda, nascosta dietro innumerevoli filtri fisici e cognitivi.

Le conseguenze del pensiero

Per quanto vorremmo che le nostre azioni fossero la conseguenza di ragionamenti ponderati, esse hanno origine da un'emozione innescata dal pensiero automatico. Questo pensiero viene appunto dal passato, cioè dalla programmazione interiorizzata attraverso le nostre esperienze. Resta vero, però, che la mente razionale può edulcorare e *lottare contro* l'emozione del momento, se si accorge della sua esistenza prima che l'azione abbia luogo. In alternativa, possiamo lavorare per dissipare o trasformare l'energia di quella sensazione.

Per aiutarti a capire in pratica come operi il dualismo pensiero-emozione, voglio descrivere alcune situazioni reali alle quali mi è capitato di assistere.

Una persona ha l'abitudine di mangiare fino a svuotare il piatto che ha davanti, a prescindere dal reale livello di fame. Il pensiero che guida l'azione è la convinzione che *il cibo non va sprecato.* Ciò si manifesta attraverso la voce del genitore che la esorta a mangiare tutto. Quel pensiero è totalmente inconscio e la persona non si rende conto che sia proprio questo a guidarla (è cronicamente in sovrappeso e scontenta della propria forma fisica, perché non è mai riuscita a mangiare la quantità giusta di cibo per sé).

Un'altra persona ha la fobia di prendere l'aereo: il solo pensiero le fa venire i sudori freddi. Ha provato a sfidare la sua paura con la volontà e, assumendo farmaci, è riuscita a viaggiare quando indispensabile. Tuttavia, ha rinunciato al suo sogno di conoscere il mondo e di vivere all'estero, poiché la sua reazione fobica non le avrebbe permesso di tornare agilmente a casa dalla sua famiglia.

Un giovane soffre d'ansia, specialmente quando deve affrontare un colloquio di lavoro. Lo innervosisce il pensiero di sentirsi *piccolo di fronte all'esaminatore*. Per questo fatica a rispondere lucidamente alle domande che gli vengono poste e, soprattutto, a convincere l'interlocutore delle proprie competenze. Ha accettato tanti incarichi insignificanti, effettivamente poco adatti a lui, accontentandosi ogni volta delle strade più semplici e rinunciando a presentarsi per posizioni molto ambite.

Una giovane è stata educata all'idea di dover trattenere le emozioni e di doversi sottomettere al proprio compagno (osservando questa stessa dinamica manifestarsi fra i suoi genitori). È guidata dalla convinzione di *non valere niente* e, inconsciamente, accetta di relazionarsi intimamente solo con uomini che si sostituiscono a lei in ogni decisione. Da anni, per questo, rinuncia a trovare una persona che la ami davvero per quello che è, con la quale possa avere un rapporto alla pari.

Si è spesso abituati a identificarsi con i propri schemi di pensiero, a credere "io sono fatto così" e a considerare normali le nostre reazioni emotive. La realtà, però, è che il carattere è una costruzione e ha poco a che fare con la persona che *siamo*. Quindi, così com'è stato costruito nel tempo, può essere *aggiornato* per migliorare la qualità della nostra vita oggi.

Una delle tecniche che possiamo impiegare anticipatamente per riorganizzare i comportamenti futuri è la visualizzazione mentale, strada diretta di comunicazione con l'inconscio. Immaginando vividamente, ascoltando i suoni associati all'esperienza che auspichiamo per il futuro e generando in anticipo l'emozione dentro di noi, possiamo pre-programmare decisioni e azioni, *sovrascrivendo* eventuali automatismi precedenti. Vivendo nella nostra mente la realtà più utile, prima che abbia luogo, torneremo a essere padroni di noi stessi. Questa stessa tecnica è impiegata dagli sportivi professionisti per preparare il corpo alla prestazione di gara, perché il nostro sistema reagisce alla vivida visualizzazione come se l'evento stesse realmente accadendo. Al principio, fermarsi a immaginare una situazione futura può sembrare strano o inutile, ma scoprirai quale straordinario strumento sia già nelle tue mani solo se ti darai la possibilità di provare. Sei abituato a reagire con rabbia a un determinato comportamento altrui? Visualizzalo, mentre generi dentro di te un'emozione più funzionale, ad esempio una bella risata dissacrante. Ti capita di provare ansia in situazioni sociali? Osservati mentalmente sicuro di te e nota come reagiscono diversamente le altre persone. Questo avrà effetto su di te e indirettamente anche sulle altre persone, che saranno impercettibilmente influenzate dal tuo nuovo atteggiamento. Comunicando con il tuo inconscio, infatti, potrai modificare emozioni, decisioni e azioni, ma anche quei messaggi subliminali che inconsapevolmente invii agli altri e che spesso sono la ragione alla base delle loro reazioni.

L'inganno del pensiero positivo

Uno dei più grandi equivoci in cui cadono i seguaci della New Age è quello di dirigere verso un obiettivo il solo pensiero cosciente, ignorando la mente profonda. Occuparsi esclusivamente di *orientare positivamente i pensieri*, senza ascoltare il feedback emotivo dell'inconscio, produce due problemi fondamentali: l'aggravarsi della disconnessione dalla propria intelligenza somatica e l'incapacità di osservare con occhi imparziali ciò che sta accadendo nel presente.

La visualizzazione mentale dev'essere messa a servizio della programmazione inconscia e ogni atto di comunicazione con noi stessi dev'essere confrontato con pancia e Cuore, affinché le tre menti siano davvero allineate. In caso contrario, ignoreremo la realtà piuttosto che crearla e, per di più, agli occhi degli altri risulteremo totalmente invasati e disconnessi dal mondo reale.

Piuttosto che coltivare il pensiero positivo, potremmo invece dedicarci al *pensiero costruttivo*. Con questo intendo che dovremmo iniziare osservando la reazione automatica che sorge in noi a seguito di una situazione da affrontare. Se l'emozione che proviamo è funzionale al risultato che desideriamo, prendiamo atto che la nostra mente è già orientata nella direzione giusta. Se, invece, riconosciamo pensieri ed emozioni disfunzionali, per prima cosa ci dobbiamo interrogare sullo scopo del nostro automatismo e dei nostri pensieri (*a quale necessità assolvono?*), successivamente dobbiamo tenere conto di eventuali bisogni secondari (*forse devo prepararmi meglio alla situazione?*) e, infine, sarà opportuno dedicarci a una visualizzazione che possa orientare diversamente il pensiero e registrare nuove sensazioni positive dentro di noi.

Cambio di Paradigma

Il nostro cervello si è evoluto nei millenni per permetterci di sopravvivere, non per renderci felici. In un certo senso, pertanto, più rimaniamo legati al pensiero-emozione, più vivremo in stati di iperattivazione e stress – aggravati da un momento storico che gioca un ruolo determinante nell'indurre agitazione. Nel percorso evolutivo di ognuno di noi, quindi, dovremo riuscire a sviluppare la consapevolezza dei processi relativi al sistema mente-corpo, apprendere come gestirli attivamente e riuscire ad assumere una sana distanza di coscienza per non esserne totalmente schiavi. Mentre i due capitoli precedenti ti hanno fornito una panoramica e alcuni strumenti per assolvere ai primi due obiettivi – che a me hanno richiesto un buon decennio di lavoro su me stesso – nella seconda parte del libro ci occuperemo di tutto ciò che riguarda lo sviluppo della coscienza, principio fondamentale per vivere la felicità vera.

Anche se lungo il percorso parleremo di relazioni e del loro contributo alla nostra felicità, come avrai notato, l'attenzione primaria è rivolta sempre a noi stessi. Il principio alla base è semplice: la felicità vera non è la conseguenza di qualcosa che accade fuori dal nostro controllo (come i comportamenti altrui o una vincita alla lotteria), bensì è il frutto di una precisa scelta, di una direzione lungo la quale dobbiamo camminare ogni giorno. Questo non significa che il mondo esterno non contribuisca al nostro benessere, ma piuttosto che persone ed eventi dovrebbero essere visti come strumenti per lo sviluppo della nostra coscienza — persino come specchi di una parte di noi che si manifesta attraverso di loro. Non fraintendermi, la vita di relazione è importantissima ed è probabilmente l'unico elemento della nostra esistenza che conta realmente! Ma alla fine di ogni giornata, dal momento in cui siamo nati fino a quello in cui moriremo, c'è un solo luogo dove torneremo sempre: la nostra interiorità. Nella relazione con gli altri, la personalità agirà sempre da filtro e la mente non potrà che intromettersi, per via della percezione individuale della realtà. La felicità vera e profonda è la conseguenza dell'aver raggiunto un *equilibrio dinamico* delle nostre parti, una certa pace con noi stessi. Il tormento e l'insoddisfazione sono invece il risultato di conflitti da appianare e di un punto di equilibrio interno che dev'essere ancora conquistato.

Il paradosso, poi, è che quando avremo raggiunto la nostra pace interiore non saremo più influenzati dal disequilibrio o dalle critiche delle altre persone, mentre sapremo portar loro gioia e serenità. In quel momento, diffonderemo e condivideremo con gli altri la felicità conquistata. Le relazioni sono fondamentalmente una cartina al tornasole del nostro stato interiore e, allo stesso tempo, un terreno di gioco ideale per dare il meglio di noi stessi. Le persone sulla buona strada per la felicità si concentrano sul contributo che possono dare al mondo, mentre gli altri sono tutti presi dall'influenza che dal mondo subiscono.

La via per lo sviluppo della coscienza non è un allontanamento dalla materialità, al contrario, è una piena discesa *nella realtà*, con la consapevolezza che non possiamo avere una vita in armonia se non siamo armonici noi per primi, perché il mondo ci mostra l'immagine riflessa di ciò che siamo (o, in altre parole, sono i nostri filtri mentali ed emotivi a modificare la nostra esperienza).

Anche il corpo e la salute sono una conseguenza del nostro stato interiore: la meccanica quantistica definisce ogni cosa come energia, più o meno densa. La coscienza, nelle tradizioni orientali più antiche, è descritta come la sorgente di tutto ciò che è – compresi il denaro, il lavoro, le persone e la materia solida. Inoltre, la scienza medica riconosce oggi lo stretto legame fra l'intangibile (i bisogni dell'uomo, la psiche, le emozioni) e la salute fisica.

Con questa rinnovata consapevolezza, persino la malattia può acquisire un senso preciso e uno scopo evolutivo. I pensieri che attraversano la nostra mente e le emozioni che abitano il nostro corpo – soprattutto se non ne abbiamo coscienza – sono la radice di disagi e patologie. Sta a noi comprenderli e disinnescarli, con l'aiuto della medicina e della consapevolezza (se desideri approfondire questo argomento, ti consiglio i libri della Dott.ssa Erica Francesca Poli, https://got.am/poli).

In fin dei conti, se guardiamo la realtà da questa prospettiva privilegiata, possiamo diventare artefici di ogni aspetto della nostra vita padroneggiando le fluttuazioni della coscienza. Non è affascinante?

Riconoscere il proprio potere personale può far paura. Eppure, anche quando ne siamo totalmente inconsapevoli, quello stesso potere sta già creando la vita che viviamo – che ci piaccia o no.

Quando iniziamo a comprendere davvero i meccanismi che governano questo mondo, non possiamo fare a meno di sentirci investiti di una grande responsabilità, cioè dell'*abilità di soppesare e rispondere attivamente* a qualunque evento.

Imparare a Desiderare

Quando avremo imparato a tenere sotto controllo il rumore prodotto da pensieri ed emozioni, cominceremo a sentire più chiaramente la voce del Cuore, che si esprime innanzitutto attraverso i desideri. Essi nascono dall'incontro fra l'ispirazione e la creatività, aiutandoci a crescere e offrendoci il più genuino carburante per vivere la vita. Esistono desideri più autentici o personali e altri socialmente indotti, che in ogni caso possono segnare tappe importanti della nostra esistenza e motivarci a realizzare piccole e grandi imprese. Uno dei segreti più importanti delle persone davvero felici è la capacità di ascoltare e realizzare i *propri* desideri, piuttosto che concentrarsi solamente sui doveri e sui bisogni fondamentali.

Tutti sappiamo riconoscerli già sin da piccoli e la loro stessa esistenza ci permette di scegliere nel mare delle infinite possibilità che la vita ci offre, di trovare la nostra strada professionale, di scoprire le nostre passioni e i nostri hobby, di arricchirci attraverso le relazioni, di creare legami importanti e in linea con la persona che siamo. Ancor più che con le emozioni, molti perdono il contatto con la naturale capacità di desiderare e, di conseguenza, con i loro sentimenti – frutto dell'incontro fra desideri e realtà. Coloro che crescono reprimendo la propria voce interiore disimparano a vedere quello che vogliono davvero e si trovano quindi smarriti nel loro percorso di vita. I desideri esistono ed esisteranno sempre, ma dobbiamo saperli riconoscere e considerare: se sono stato cresciuto con l'idea che quello che voglio non è legittimo (o persino impossibile da ottenere) con il tempo avrò smesso di ascoltare quella voce, che avrà perso la sua forza.

Per ricominciare genuinamente a sognare, puoi scegliere di prenderti un po' di tempo per te e concentrarti su quello che vuoi. È importante farlo senza giudizio – perché qualunque desiderio ha il diritto di esistere! – e, almeno all'inizio, a prescindere da quanto tu lo senta realizzabile. Il solo fatto di desiderare ci riporta un po' più in contatto con noi stessi e ristabilisce l'equilibrio fra razionalità e fantasia, dovere e piacere. Puoi desiderare qualunque cosa, dalla più futile alla più altruistica. Non esiste limite a quanto tu possa chiedere alla vita, se non quello che tu stesso ti sei imposto. Non toglierai niente a nessuno desiderando qualcosa per te né correrai il rischio di diventare troppo egoista o materialista. Desiderare non ha alcun costo, al contrario, è una bella espressione della nostra energia psichica e ci fornirà materiale per creare e per vivere.

Ad esempio, pensa di poter desiderare come farebbe un bambino prima di subire il condizionamento degli adulti. Procurati un quaderno e riempilo letteralmente di tutto ciò che senti di volere: cose, persone, esperienze, conoscenze. Tienilo a portata di mano e permetti ai tuoi desideri più reconditi di emergere in qualsiasi momento e, qualunque cosa tu stia facendo, fermati qualche secondo per appuntarli. Questo esercizio sarà utile alle persone che sanno bene ciò che vogliono e anche a quelle smarrite. Una delle bellezze di questa pratica è scoprire il sottile piacere che può nascere dall'atto stesso di desiderare qualcosa, in alcuni casi più importante persino dell'ottenerla. Quello è il contatto con una parte di noi che dobbiamo riscoprire e da cui lasciarci guidare.

Solo quando avremo ritrovato la nostra naturale capacità di desiderare, varrà la pena di scegliere quali desideri perseguire e realizzare, in accordo ai nostri valori e all'ecologia della vita intera. Realizzando il nostro volere cresceremo come individui, verremo nutriti dai sentimenti superiori, sentiremo di esperire la concretezza del nostro spirito, capiremo meglio come siamo fatti e cos'è davvero importante per noi. Probabilmente, miglioreremo anche il nostro rapporto con i beni terreni e, se sapremo davvero ascoltare la voce del Cuore, riusciremo persino a riconoscere una o più missioni della nostra esistenza. Avremo benzina per muoverci e una bussola che segnerà distintamente il Nord.

Dopo aver individuato chiaramente i nostri desideri, giungerà il momento di tramutarli in obiettivi e dedicarci alla realizzazione di quelli più importanti. Ritengo che chi incontra difficoltà in quest'ultima fase debba ancora imparare ad ascoltarsi meglio. D'altronde, gli obiettivi difficili da raggiungere sono quelli per i quali manca un'intrinseca motivazione che ci permetta di agire nel medio-lungo termine. Se siamo abituati a stabilire obiettivi durante la prima settimana dell'anno e a dimenticarcene prima della fine del mese, probabilmente quelle mete non sono poi così importanti per noi – mentre potrebbero esserlo per il nostro contesto sociale. Al contrario, gli obiettivi veramente in linea con la nostra saggezza profonda (oserei dire, con la nostra anima) non richiedono alcuno sforzo o alcuna motivazione indotta, ma solo di essere perseguiti *nel momento giusto della nostra vita.* Può capitare di non essere pronti all'incontro con un desiderio, perché troppe paure o convinzioni limitanti ci frenano. Normalmente, quel tipo di desiderio rimane nei nostri pensieri a lungo e finisce per riaffacciarsi alla coscienza nel corso degli anni.

A volte una motivazione debole è la risultante di forze opposte in contrasto fra loro: ne è la prova l'entusiasmo iniziale a focalizzarsi sull'obiettivo, che si tramuta in avvilimento quando incontriamo i primi ostacoli. Se questo ci porta ad abdicare al nostro potere creativo, probabilmente l'obiettivo dev'essere ripensato diversamente. È anche vero che un sogno che non incontra assolutamente alcuna resistenza nella realtà materiale, probabilmente, è un sogno inutile perché non ci permette di crescere.

Nella mia esperienza personale, i desideri davvero in linea con le *missioni di vita* possono richiedere molto impegno, ma mai uno sforzo. Probabilmente sarebbe più difficile rinunciare a loro che non continuare a perseguirli. Gli obiettivi che richiedono molto sforzo, invece, sono spesso collegati più al riconoscimento dell'ego che del sé. Sono convinto che ogni strada sia potenzialmente percorribile e che, abbassando l'interferenza emotiva, possiamo giungere a qualunque meta. Dovrebbe essere l'obiettivo stesso a entusiasmarci e motivarci lungo il percorso: quando ci sentiamo allineati, spendiamo volentieri l'energia necessaria e anche anni di lavoro, perché il Cuore ci ricompensa con sentimenti positivi. In tal senso, non sono un sostenitore della costanza e del sacrificio come valori che prescindono dal traguardo scelto: le persone che vivono per senso del dovere spesso hanno perso di vista la loro gioia naturale e la loro missione. Il sacrificio non dovrebbe essere un'abitudine, ma un'eccezione saltuaria. In caso contrario, dovremmo riconsiderare gli obiettivi ai quali dedichiamo la vita.

Quando decidiamo di realizzare un desiderio, dobbiamo ricordare di esprimerlo in una forma adeguata e che metta noi stessi al centro dell'azione. Per quanto io possa desiderare di vincere alla lotteria, non avrebbe senso averlo come obiettivo, poiché fuori dalla mia diretta responsabilità. Comprare ogni anno il biglietto della lotteria, invece, mi vede protagonista di un'azione concreta (anche se non mi condurrà automaticamente a una vincita). Per quanto l'esempio possa sembrare banale, rispecchia alla perfezione una tendenza perversa della mente umana: legarsi a obiettivi dei quali non possiamo essere artefici. Essi non appartengono a desideri dell'anima e, per di più, rischiano di essere uno spreco di energia ed emozioni senza donarci alcuna soddisfazione.

Esercizio 5: Riconoscere un Desiderio Autentico e Motivante

1. Appoggia le mani al centro del petto, nella zona del cuore, e compi alcuni respiri lenti e profondi in quest'area;
2. Focalizza il tuo desiderio, esprimendolo mentalmente con una frase;
3. Immagina di averlo già realizzato e ascolta come reagisce il tuo Cuore all'idea;
4. Nota i sentimenti che provi: percepisci un movimento interiore di espansione (apertura), contrazione (chiusura) o neutralità?

Un desiderio realmente sentito e in linea con noi stessi genera un movimento interiore di apertura ed espansione.

Esercizio 6: Definisci un Obiettivo per Poterlo Perseguire

Componi una frase completa, che rispetti tutti i seguenti criteri:

- **Espressa in positivo**: senza impiegare i termini *non, evitando di, senza* (è utile scrivere: "voglio tornare in salute e respirare aria pulita", non è utile scrivere: "voglio smettere di fumare");
- **Sensorialmente misurabile** (è utile scrivere: "voglio sostenere una buona causa di beneficienza", non è utile scrivere: "voglio essere altruista");
- **Specifica** (è utile scrivere: "voglio possedere una casa che si affacci sul Mar Adriatico, di almeno 100 m^2, con due stanze da letto", non è utile scrivere: "voglio una grande casa al mare");
- **Che contempli azione diretta** (è utile scrivere: "voglio guadagnare 100.000 euro", non è utile scrivere: "voglio vincere alla lotteria 100.000 euro");
- **Che preveda una precisa data di scadenza** (è utile scrivere: "...entro il 31/12/2024", non è utile scrivere: "...quando sarò vecchio");

- **Che sia materialmente realizzabile**, ovvero che qualcuno lo abbia già fatto o che tu possa essere la prima persona a farlo (è utile scrivere: "voglio essere il primo uomo a mettere piede su Marte", non è utile scrivere: "voglio trasformarmi in un'aquila").

Esempio completo: "Voglio guadagnare 1.000.000 di euro attraverso un lavoro indipendente che sfrutti le mie competenze come architetto entro il 31/12/2022".

Ogni desiderio può essere tramutato in obiettivo, anche se la forma in cui verrà espresso dovrà cambiare. Solo rispettando tutti questi criteri nella sua formulazione potremo impiegare al meglio le nostre risorse materiali, psichiche ed emotive per poterlo raggiungere.

Dedicarsi a una Missione

Nelle pagine precedenti ho parlato di missione, facendo riferimento a un obiettivo di lungo termine che porta crescita a noi e alle persone attorno, un impegno che ci restituisce un grado straordinario di soddisfazione e che ci permette di contribuire a un sistema che va oltre noi stessi. Al di là delle credenze personali, non possiamo sapere se nella nostra esistenza vi siano vocazioni prestabilite. Quel che però sappiamo per certo è che le persone davvero felici hanno ottime ragioni per alzarsi dal letto la mattina, pensieri che le fanno letteralmente saltar fuori dalle lenzuola ancor prima che la sveglia suoni. Io stesso ho vissuto tempi bui, durante i quali posponevo la sveglia decine di volte prima che i miei piedi toccassero terra. Da quindici anni a questa parte, invece, appena riemergo dal sonno e riprendo coscienza, non vedo l'ora di iniziare la mia giornata.

Una missione è molto più di un obiettivo. Per alcuni è una sola in un'intera vita, per altri si rinnova ciclicamente; in alcuni casi è un'idea chiara, in altri solo una vaga sensazione che porta a terminare un'opera e iniziarne immediatamente un'altra. Una missione è un'impresa, che possiamo svolgere come professione o hobby, che ci vede coinvolti al di là di dovere e piacere, che può servire per rispondere alla domanda esistenziale: *Qual è il mio compito in questa vita?* Ogni missione porta un beneficio ecologico, cioè contribuisce a far crescere non solo noi, ma anche un organismo complesso che va al di là del singolo: una famiglia, un'organizzazione, una nazione o persino il mondo intero. Una missione non è vissuta come una scelta, bensì come un percorso inevitabile che prima o poi bisognerà abbracciare. Che sia vero o no, può sembrare una chiamata dell'anima, per la quale otterremo un riconoscimento emotivo incalcolabile. Di certo, ogni missione porta grandi benefici ad altri esseri umani e contiene, di conseguenza, un seme di puro altruismo. Una missione può tenerci svegli la notte, farci lavorare senza sosta, assorbire completamente la nostra mente. Tuttavia, molto difficilmente può compromettere la nostra salute, perché ogni momento che dedichiamo alla sua realizzazione ci predispone a un contatto profondo con noi stessi. Nella mia esperienza personale, una missione può apparentemente cambiare forma, al punto tale da diventare irriconoscibile, poiché la nostra mente razionale può descriverla solo parzialmente. Ne riusciamo a comprendere la sostanza solo attraverso gli anni, componendo i pezzi del puzzle con il senno di poi. Nonostante ciò, ogni missione contiene una straordinaria motivazione intrinseca, che ci permette di trovare e mettere in gioco tutta l'energia di cui abbiamo bisogno. Per spiegarla con una metafora fantasiosa, una missione è una freccia per la quale noi siamo l'arco: esiste a prescindere da noi e noi siamo un suo strumento. Può scontrarsi con la nostra personalità, con le nostre paure o con l'immagine che abbiamo di noi stessi. Potremmo doverci preparare a lungo per accoglierla e potrebbe non bastare una vita intera per portarla a termine. Più o meno in profondità, ognuno di noi conosce la propria missione. Ho aiutato centinaia di persone a riscoprirla attraverso l'ipnosi, ma non molti si sono sentiti pronti o meritevoli per compierla. Ancora una volta, più aumenta il nostro grado di consapevolezza, più dovremo esercitare il nostro coraggio per gestirne le conseguenze.

Sono fermamente convinto che il miglior modo di onorare una missione sia dedicarvisi a tempo pieno, per questo potremo renderla il nostro lavoro senza il timore che l'entusiasmo svanisca. Sicuramente la missione ha un certo valore spirituale, ma la sua commistione con il denaro non dovrà essere fonte di preoccupazione, perché quest'ultimo affluirà in quantità opportuna per sostenerci nel percorso. Sarà importante, però, non essere legati o avidi nella gestione di quel denaro, ma considerarlo semplicemente un'utile forma di energia condensata.

Vien da sé, a questo punto, considerare che il miglior modo per sentirsi realizzati attraverso il lavoro sia farlo coincidere con la propria missione.

Una Nuova Prospettiva sul Lavoro

Il momento storico in cui viviamo è ottimo per godere di una professione come mezzo di espressione creativa per raggiungere la felicità. Complice il progresso tecnologico e la rivoluzione innescata dalla pandemia, stiamo finalmente superando l'era industriale, che ci ha visto protagonisti dell'alienante catena di montaggio o del lavoro da colletti bianchi imprigionati alla scrivania di un ufficio. È sempre più facile, per chi voglia cogliere questa opportunità, coniugare la produttività con una vita a contatto con la natura, lontana dalle grandi città e maggiormente vicina alle esigenze individuali. Dai Millennials alla generazione Z, sono in molti coloro che sentono il desiderio di impiegare una forma d'espressione artistica nella loro professione e di conformare quest'ultima alle loro passioni, piuttosto che sacrificare la vita sull'altare del lavoro. Se tutto questo non è evidente anche ai tuoi occhi, ti suggerisco di prendere consapevolezza dei movimenti culturali emergenti che ti circondano, dai Nomadi Digitali alle Startup. Se è vero che stiamo vivendo anni di crisi legata al mondo del lavoro, è anche vero che proprio da questa difficoltà stanno nascendo opportunità incredibili, che ci richiedono di aprire la mente e comprendere questo nuovo universo. Certamente dobbiamo guardare al di là di ciò che offre il mondo del lavoro più tradizionale, il posto fisso e il senso di sicurezza indotto dall'esterno, fondato sull'essere *dipendente* di qualcuno.

Persino il rapporto fra potere e denaro sta cambiando radicalmente e si sta riequilibrando verso una dimensione più evolutiva per l'essere umano, complice l'emergere delle criptovalute decentralizzate e dell'educazione finanziaria personale. Se fino a pochi decenni fa eravamo costretti a lavorare per vivere – e qualcuno si trova ancora a farlo per sopravvivere – oggi possiamo ambire a lavorare per creare, divertirci e conoscere. Lo stesso mondo che in passato è stato un tormento per molti, costretti a trascorrere le loro giornate intrappolati in una professione che odiavano, oggi ha le potenzialità per traghettarci verso la realizzazione completa delle nostre qualità umane, emotive e relazionali.

Come abbiamo visto, per essere felici dobbiamo sviluppare più coscienza di noi stessi, metterci alla prova, indagare i nostri meccanismi interiori e trovare una buona ragione per vivere. Nel ventunesimo secolo, non possiamo davvero pensare di sacrificare un minimo di otto ore al giorno senza dedicarci a quest'opera alchemica quotidiana: la nostra dimensione lavorativa deve diventare il terreno di gioco per incontrare obiettivi motivanti e una missione di vita. I più giovani dovranno essere disposti a sperimentare molto e, soprattutto, a non usare la libertà e l'ambizione come moneta di scambio per il senso di sicurezza.

Come ho dettagliato per esteso nel mio libro dedicato al lavoro, dobbiamo riuscire ad allineare il fuoco della passione alla nostra professione, aprire la mente staccandoci dagli stereotipi del passato e imparare a *creare* qualcosa di nuovo che ci restituisca una soddisfazione sempre crescente ("Il Nuovo Successo: Trova il Tuo Perché nel Lavoro, Sviluppa Ricchezza e un Mindset per Cambiare Vita in Armonia con Te Stesso", https://got.am/lavoro). I bisogni di crescita, varietà e confronto sociale, oltre che il prezioso contributo che possiamo dare al mondo, trovano uno sbocco fondamentale attraverso il nostro lavoro. Per avere successo e perseguire la felicità anche attraverso quest'ambito, tuttavia, non è sufficiente avere una missione.

Nella mia vita precedente, come mi piace definirla, ho lavorato per sette anni alla guida di un'azienda informatica e per quello stesso periodo ho avuto un rapporto molto burrascoso con una persona in particolare: la contabile e responsabile del settore amministrativo. All'età di ventitré anni mi ero trovato a ricoprire la carica di Direttore Generale di quell'impresa ed ero anche il più giovane di tutti i dipendenti. Pur avendo la competenza tecnica per quella posizione, mancavo di importanti doti relazionali e, peggio ancora, ero convinto che l'unico modo per rapportarmi agli altri fosse in modo gerarchico e autoritario. Specialmente con *lei* c'era stata un'antipatia istintiva e il suo modo di fare, estremamente rigido e quadrato, mi aveva sempre infastidito. Pur riconoscendo le rispettive qualità professionali, la distanza fra noi era palpabile. Sette anni dopo averla conosciuta, quando avevo ormai deciso di lasciare quell'azienda e di iniziare un nuovo percorso di vita, capitò per la prima volta che pranzassimo insieme. Ricordo benissimo il momento in cui stavamo ritornando verso l'ufficio, quando si mise a parlare di un hobby che le stava molto a cuore. In quel preciso momento ebbi un'epifania: l'avevo sempre e solo considerata una collega, ma mai un essere umano in tutta la sua dignità.

Siamo abituati a far coincidere le persone con le quali lavoriamo con il loro ruolo, fatto di mansioni, potere e un rapporto di utilità-responsabilità nei confronti del nostro incarico. Per quanto possa sembrare normale per chi è cresciuto nell'era industriale, questo ci impedisce di instaurare relazioni vere, fondate su caratteristiche umane, che prendano in considerazione doti e fragilità, bisogni ed emozioni. Generalmente, le realtà aziendali non si curano dello stato interiore che vivono i lavoratori e sono spesso guidate da regole e organigrammi che riescono a sabotare persino la produttività dei loro dipendenti. Per assolvere a una missione e soddisfare i requisiti di cui ho parlato nel capitolo precedente, dobbiamo innanzitutto riuscire a umanizzare i rapporti di lavoro e accettare di essere impiegati solo in contesti dove l'umanità sia valorizzata.

Sono convinto che questa trasformazione sociale sia già ampiamente iniziata, anche grazie a nuovi stili di leadership e al fattore flessibilità, che grandi realtà internazionali stanno imponendo nella loro organizzazione e che col tempo si espanderanno anche nelle piccole imprese. Tuttavia, ogni singolo individuo dovrebbe sentire la necessità evolutiva di aprirsi a considerare i propri colleghi come persone alla pari, che meritano di essere viste nella loro interezza – piuttosto che come personaggi assolventi a una semplice funzione.

Riconosco quanto sia importante tenere in seria considerazione obiettivi e produttività, ma l'armonia dell'ambiente lavorativo, l'affiatamento della squadra e l'impatto ecologico devono diventare valori fondanti di ogni azienda che voglia avere successo ed essere competitiva nel ventunesimo secolo. Se hai la responsabilità di condurre un'impresa, questi valori saranno essenziali per la sua riuscita e ti invito a tenerne conto; se invece partecipi al lavoro di un'azienda, ricorda che l'affermazione di queste competenze nell'ambiente di lavoro dipende da te come da chiunque altro.

Se percepisci la pressione che il lavoro esercita su di te, ti invito a considerare due fattori essenziali. Innanzitutto, è già in atto un processo di *speciazione*, cioè di suddivisione dell'umanità in due gruppi differenti: in una direzione cammineranno quelli aggrappati al passato e alla staticità del loro ruolo, coloro che non sono disposti a evolversi con le nuove necessità relazionali del mondo del lavoro, e questi continueranno a soffrire; nella direzione opposta cammineranno coloro che sono pronti a collaborare intimamente, a infondere creatività e persino amore nella loro professione, disposti ad allearsi con capi e colleghi per remare tutti quanti nella stessa direzione. Questi ultimi troveranno coerenza e realizzazione nel proprio lavoro, ricchezza e abbondanza di possibilità. A loro si stanno aprendo letteralmente le porte di un nuovo mondo, invisibile al primo gruppo di persone. L'altro fattore è che, volente o nolente, dovrai accettare che il tuo lavoro sia espressione di ciò che sei veramente e che prima ti assumi completamente la responsabilità di ciò che fai per vivere, prima riuscirai a sviluppare e guadagnare ricchezza.

Non so se vi sia davanti a noi una vera scelta – o più che altro un'imprescindibile necessità – ma proprio da questo periodo di grande cambiamento nell'ambito lavorativo potrà sorgere la nostra felicità vera.

Esercizio 7: Conciliare Due Punti di Vista Opposti

1. Focalizza un problema o un oggetto di discussione fra te e un tuo collega/capo/sottoposto;
2. Disponi due sedie una di fronte all'altra, scegliendo quale sedia rappresenti il tuo punto di vista e quale quello dell'altra persona;
3. Accomodati sulla sedia che ti rappresenta e, rivolgendoti all'interlocutore virtualmente seduto di fronte a te, descrivi il tuo punto di vista, le tue aspettative, i tuoi bisogni, le difficoltà e le emozioni che provi in merito alla questione;
4. Accomodati sulla sedia che rappresenta il tuo interlocutore, associati al suo punto di vista e descrivi da questa nuova prospettiva le aspettative, i bisogni, le difficoltà e le emozioni che provi in merito alla questione;
5. Prosegui il dialogo, cambiando sedia di volta in volta, fino a percepire una migliore comprensione reciproca.

Relazioni Personali di Valore

L'essere umano, come si suol dire, è un essere sociale, perché ha bisogno di sviluppare relazioni per vivere e sopravvivere. Il segreto della felicità, tuttavia, risiede nella *qualità* dei nostri rapporti interpersonali e occuparsi di questo aspetto è tutt'altro che facile. Iniziamo a costruire le relazioni più importanti della nostra esistenza – cioè quelle che ci influenzeranno più di tutte – prima ancora di venire alla luce. Tuttavia, tranne in rari casi di estrema tossicità, prendiamo coscienza dell'impatto che queste hanno avuto su di noi solo decenni dopo. Dalla relazione con genitori ed educatori dipendono i programmi inconsci che daranno luogo a pensieri, emozioni e abitudini che ci accompagneranno per la maggior parte dei nostri giorni. Anche se crescessimo da soli in una giungla, interiorizzeremmo gli schemi comportamentali attraverso gli stimoli ambientali e su questi si baserebbero le nostre reazioni. Detta in questo modo, sembra quasi che ognuno di noi sia sottoposto a una roulette russa che stabilirà il suo destino. Forse tutto ciò avviene in modo casuale o forse no, ma quel che è certo è che dagli *imprinting* ricevuti nei primi anni di vita dipenderanno gli sforzi di coscienza che ci saranno richiesti per migliorare crescendo e tornare più vicini al nostro stato naturale. Quello strato di condizionamenti ricevuti, infatti, costituirà la nostra personalità e idealmente ci allontanerà dall'essere realmente *ciò che siamo*. È anche vero, però, che senza quelle sovrastrutture non potremmo pensare, capire né relazionarci con nessuno, per cui sono in qualche misura indispensabili. Qualunque sia il nostro carattere – unione degli schemi acquisiti e di propensioni ereditate geneticamente e dall'ambiente – la capacità di auto-osservazione ci permetterà con il tempo di agire su di esso, come a lungo discusso nei capitoli precedenti.

I meccanismi psicobiologici che ci governano ci portano a influenzarci costantemente l'un l'altro, seppur in misura estremamente minore rispetto a quel che accade nei primi anni di vita. L'interazione reciproca è decisamente affascinante e possiede un sistema di autoregolazione che crea un fluido equilibrio in costante cambiamento: ogni volta che comunichiamo con gli altri – attraverso il corpo, le parole, le azioni o la sola presenza nello stesso ambiente – ne influenziamo i pensieri e, se questo genera in loro emozioni significative, l'inconscio ne viene segnato permanentemente. Questo processo è costante, inevitabile e perlopiù inconsapevole. Siamo predisposti, come ogni animale, a un continuo adattamento alle condizioni nelle quali siamo immersi. Ad ogni modo, i cambiamenti che viviamo sono piccoli, a volte impercettibili, e si appoggiano sempre a una base di esperienze fondamentali che tende a modificarsi molto raramente (queste richiedono grande impegno per essere trasformate, perché tanta è l'energia rimasta intrappolata al momento della loro nascita). Queste esperienze corrispondono ai traumi che ognuno vive a suo modo e che hanno creato i tratti essenziali del carattere.

Queste ferite riecheggiano e vengono costantemente stimolate dalle relazioni che portiamo avanti, soprattutto quelle più intime e importanti. Se abbiamo vissuto un trauma di abbandono, le nostre reazioni saranno caratterizzate da gelosia, attaccamento o dipendenza; se abbiamo vissuto un trauma di rifiuto, potremo tendere ad allontanarci noi per primi o al contrario fare qualunque cosa pur di essere amati, fino a negare i nostri bisogni. Lo stesso vale per ingiustizie, umiliazioni, tradimenti e così via. Per di più, le ferite primarie di cui ti ho appena parlato portano con sé un'ereditarietà che è come una catena estremamente difficile da spezzare e collega decine di persone in successione generazionale.

Questa lunga introduzione può forse togliere un po' di poesia alle relazioni, che ci fanno arrabbiare, gioire, battere il cuore e che, più di ogni altra cosa, danno valore alla nostra vita. Tuttavia, proprio *prima* di entrare nel merito di ciò che ci tocca così intimamente, dobbiamo cercare di comprenderne con lucidità i meccanismi involontari sottesi.

Per superare gli infiniti concatenamenti di stimolo-risposta che ci portano a interagire con gli altri, ancora una volta, dovremo raggiungere un nuovo grado di consapevolezza e vivere dentro di noi il *segreto* che può condurci a relazioni ricche e appaganti. Sono proprio queste a rendere l'esistenza degna di essere vissuta: per alcuni corrispondono al rapporto con i familiari diretti – figli, genitori, fratelli e partner – altri vivono molto intensamente le amicizie, altri ancora arrivano a sentire affetto per ogni persona incontrata sul loro cammino, a prescindere dalla durata della reciproca conoscenza. Per alcuni fortunati, fra i quali mi annovero io stesso, l'ambito personale e quello lavorativo sono talmente intrecciati che la missione creativa e il valore delle persone si amplificano a vicenda.

Le relazioni diventano straordinarie quando le viviamo con il Cuore e suscitano in noi sentimenti superiori. Chi mi conosce sa che non uso spesso la parola con la C, perché tende a essere fraintesa da chi la percepisce distante, ma ancor più da chi vive lo spiritualismo anziché la spiritualità vera. Inoltre, per quanto il concetto sia semplice, incarnarlo e viverlo sulla propria pelle è tutt'altro che facile.

Nell'ambito lavorativo risulta spesso evidente quanto si stia considerando una persona principalmente per il suo ruolo, tralasciando il suo valore naturale. Nella sfera personale, invece, non ci accorgiamo con altrettanta facilità di quanto i costrutti sociali e caratteriali limitino la connessione fra gli esseri umani.

Puoi ricordare di aver dato un abbraccio talmente lungo da aver perso la cognizione del tempo? Hai memoria dell'ultima volta che sei sprofondato nell'unione assoluta con un partner? Ti è mai capitato di vivere un sentimento tanto forte quanto ingiustificato per uno sconosciuto, un animale o un bambino? Esperienze come queste rischiano di ritagliarsi troppo poco spazio nella nostra esistenza, perché il ritmo forsennato al quale viviamo e le strutture che dobbiamo scrollarci di dosso possono diventare soffocanti.

Molte persone credono che l'Amore con la A maiuscola si veda solo nei film e che nella vita reale sia una sorta di chimera. Non è così, se scegliamo di vivere votandoci alla crescita e alla ricerca dell'essenziale. I grandi Maestri della storia ne hanno fatto un mantra e uno strumento per miracoli, tutti siamo nati immersi in quell'aura sacra e oggi persino la scienza ne studia gli effetti terapeutici e trasformativi. Tuttavia, il punto è che tutti i sentimenti nascono da noi e da noi solamente, le altre persone sono esclusivamente un pretesto che utilizziamo per permetterci di viverli. Negli altri leggiamo i segnali che ci fanno sentire al sicuro, ascoltati, compresi, soddisfatti nei bisogni fondamentali. Finché improvvisamente, messe da parte tutte le potenziali minacce, scorgiamo le condizioni per lasciarci andare e *ci apriamo*, lasciando i sentimenti liberi di esprimersi. Amore incondizionato, accoglienza, gratitudine, entusiasmo... possono sorgere in noi persino con un animale, una musica o davanti a un paesaggio naturale. Per i più allenati, anche nel silenzio di una meditazione e nell'ascolto di sé stessi. Diventare consapevoli di questo meccanismo significa riconoscere che la vita intera concorre alla nostra felicità, che le relazioni – e il mondo che ci circonda – sono solo un mezzo e che, ancora una volta, tutto scaturisce da noi.

Al contrario di quel che si potrebbe pensare, trovare persone con le quali avere rapporti autentici non è per nulla complicato. La natura ci ha dotato di tutti gli strumenti sensoriali che servono per riconoscere istintivamente le persone "giuste". Il principio fisico di risonanza che guida l'universo ci permette di incontrare spontaneamente solo persone con le quali condividiamo qualcosa di molto importante: i traumi emotivi fondamentali e il grado di evoluzione interiore. Pensa all'incontro tra due individui che hanno vissuto la ferita dell'abbandono, ma il primo abbandonato ha imparato a reagire aggrappandosi agli altri, l'altro a essere completamente indipendente per evitare delusioni. Per loro sarà molto facile trovarsi, ma molto difficile relazionarsi affettivamente.

Le persone che frequentiamo, almeno in una prima fase del rapporto, ci piacciono proprio perché *in profondità* ci assomigliano (e inconsciamente lo sappiamo). Dal punto di vista della personalità – cioè delle sovrastrutture che ognuno ha costruito per reagire alle proprie ferite – però, il discorso è molto diverso. Persone così profondamente vicine a noi possono risultare radicalmente lontane per comportamenti e modi di pensare. Più l'innamoramento inziale svanisce, più i contrasti si acuiscono ed emergono gli schemi emotivi da appianare. A meno che non ci impegniamo a riconoscere le persone che assomigliano a noi *anche* da un punto di vista di abitudini, non avremo vita facile. Con questi ultimi, paradossalmente, non cresceremo poi molto, perché nel bene o nel male sarà come guardarsi allo specchio e, con il tempo, sopraggiungerà facilmente l'appiattimento. Personalità simili sono molto utili per lavorare assieme alla pari. Se invece accetteremo la sfida di creare relazioni di valore con persone profondamente affini, ma superficialmente molto diverse da noi (i famosi opposti che si attraggono), avremo pane per i nostri denti e la strada spianata per crescere smussando i nostri angoli. Mentre ci abitueremo ad accettare l'altro così com'è su un piano caratteriale, ne inizieremo a comprendere le motivazioni profonde e, così facendo, ne vedremo i lati più luminosi e quelli più bui. Gli stessi che abbiamo anche noi.

Pur avendo semplificato moltissimo un meccanismo estremamente complesso e sfaccettato, è bene considerare che da esso dipende ogni relazione della nostra vita, dalla più importante alla più insignificante.

Ti suggerisco di cominciare a osservare queste dinamiche in tutte le persone che ti stanno attorno e chiederti: *In che cosa, profondamente, queste persone mi assomigliano? In che modo possiamo superare le nostre differenze caratteriali?* Quest'ultima domanda può avere due tipi di risposta: potrai guardarti dentro e cambiare tu per primo (osservando l'altra persona trasformarsi di conseguenza) oppure allearti con lei, riconoscere esplicitamente le vostre differenze e lavorare assieme per attenuarle. L'esercizio sulle posizioni percettive che ti ho proposto nel capitolo precedente ti potrà essere utile anche in questo contesto. Ciò che vi terrà realmente insieme, invece, dipenderà solo da te.

La Coppia allo Specchio

Nel contesto delle relazioni di coppia, così come tra familiari diretti, il rispecchiamento di traumi simili è straordinariamente presente e questo, assieme agli stessi valori e a un generale senso di sicurezza, porta alla nascita del rapporto. Come in tutti i nuclei non consanguinei, però, la solidità dell'unione nel tempo dipende da molti fattori. Ogni partecipante alla relazione prosegue al proprio ritmo nel percorso evolutivo, nella ricerca di un senso per la propria esistenza, della soddisfazione dei propri bisogni e della realizzazione dei propri desideri. Risulta molto importante che tale cammino continui a essere in armonia fra i due, affinché anche il rapporto possa evolvere di conseguenza. La relazione stessa, infatti, diventa con il tempo un'entità a sé stante con i propri bisogni e necessita, quindi, di una progettualità condivisa. La capacità di reinventarsi, superare l'abitudine e nutrirsi di varietà permette alla coppia di stare insieme o, se questi elementi diventano ragione di frizione, portano a separarsi.

Il partner è la persona *più comoda* sulla quale proiettare i nostri problemi, perché con il tempo si crea una complementarietà che ci impedisce di essere consapevoli di noi come entità separata dall'altro – e anche perché alcune questioni riguardano effettivamente entrambi. Fintanto che riusciremo a mantenere un buon equilibrio dinamico, crescendo sia assieme che individualmente, la coppia continuerà ad aver ragione di esistere.

Al di là della reciproca utilità, vi sono ovviamente i sentimenti che scaturiscono già dal primo momento, per via della disponibilità di entrambi ad aprirsi (per quanto l'innamoramento caratterizzi solo la fase iniziale del rapporto, anch'esso è la conseguenza di una connessione autentica fra individui).

Gli elementi primari affinché una coppia possa continuare a essere felice sono la crescita personale individuale e l'intimità fra le due parti interessate, cioè la vicinanza emotiva che permette di tenere in considerazione i bisogni dell'altro come fossero propri e la tendenza ad agire per il bene del sistema intero. Ognuno dovrà accettare di prendersi il cento per cento della responsabilità nel buon funzionamento della relazione, senza mai dimenticare i propri bisogni individuali. Se per un tempo prolungato verranno a mancare la vicinanza emotiva, l'allineamento di valori e una progettualità comune, allora l'abitudine e la soddisfazione dei bisogni più pratici saranno gli unici elementi a mantenere insieme la coppia – che scoppierà alla prima occasione utile in cui uno degli attori si *aprirà* al di fuori di essa.

Ogni rapporto duraturo è un'occasione straordinaria per farci fare un passo in più verso la felicità vera, sta a noi tenere sempre a mente la meta e vivere la relazione pienamente.

A volte le persone mostrano differenze superficiali talmente marcate e dense che, per quanto una forte risonanza le porti ad avvicinarsi, difficilmente riusciranno a godere di una relazione affiatata a lungo termine. Posso testimoniare, però, che ci si può trasformare talmente tanto da stravolgere completamente le dinamiche che insorgono nella coppia. La sfida fondamentale rimane la necessità di occuparci di noi stessi più di quanto non faccia il partner. Quando deleghiamo la responsabilità del nostro progresso all'altro, il rischio che la situazione degeneri è molto alto.

È anche vero che nella vita è più facile continuare a portare avanti una relazione piuttosto che interromperla, a causa della paura del cambiamento di cui tutti più o meno soffriamo. La zona di comfort, da una parte, ci permette di costruire una base solida su cui contare, mentre dall'altra può trattenerci dall'evolvere verso una gioia vera – impedendoci di lasciar andare relazioni di lunga data che non ci fanno star bene e non apportano più valore alla nostra esistenza.

È fondamentale trovare in noi una serenità che prescinda dalle persone che ci circondano, soprattutto dal partner. Riuscire a star bene con noi stessi ci permette di superare sia l'estrema indipendenza che la dipendenza e di realizzare, a quel punto, una relazione di *interdipendenza*, dove il risultato sia maggiore della somma delle parti. Dobbiamo sempre ricordare che, alla fine di ogni giornata, dal momento in cui siamo nati fino a quello in cui moriremo, c'è un solo luogo dove torneremo sempre: la nostra interiorità. Se riusciremo a trovare in noi la serenità, diventerà estremamente semplice viverla anche nella nostra relazione di coppia e affrontare le avversità della vita al fianco di una persona amata.

Per quanto possa sembrare paradossale, star bene con un'altra persona non deve dipendere dall'altro né dalla stabilità della relazione. Il focus dev'essere su di noi, sul prenderci cura di noi per primi e sul riuscire a crescere assieme nel cambiamento. Siamo esseri sociali, come si suol dire, perché abbiamo bisogno di interagire per vivere, ma non proveremo emozioni positive e non giungeremo alla vera felicità se delegheremo la responsabilità della nostra esistenza a qualcun altro.

La Nostra Parte... Animale

Sono cresciuto senza mai conoscere il privilegio di avere un animale domestico al mio fianco. Nella mia famiglia d'origine, un pavimento perfettamente tirato a lucido ed eleganti divani intonsi sono sempre stati al primo posto. In una tiepida giornata di primavera del 2012 sentii miagolare ripetutamente fuori dalla porta del mio appartamento, al quarto piano di un grande complesso romano. Aprendo, mi trovai davanti un gattone bruno che mi guardava spaesato. Io e la mia compagna dell'epoca cercammo di capire a chi appartenesse e decidemmo infine di riportarlo nel cortile del condominio dove vivevamo, convinti che fosse rimasto chiuso per errore all'interno del vano scale. Qualche ora dopo, Ulisse (così lo avevamo soprannominato) tornò a miagolare insistentemente davanti al nostro appartamento. Sembrava avesse scelto proprio noi. Spargemmo annunci di gatto smarrito nei dintorni e lo portammo da un veterinario. Il medico ci disse che era un gatto domestico adulto, evidentemente stressato, poiché rimasto probabilmente senza un tetto sulla testa. Così decidemmo di accoglierlo con noi, visto che lavoravamo in casa e avevamo molto spazio a disposizione. La convivenza con Ulisse durò solo qualche mese, ci guardavamo in maniera circospetta e mantenevamo una moderata distanza l'uno dall'altro. Il gattone era molto indipendente e non aveva influito minimamente sugli equilibri domestici.

Quello stesso principio di risonanza di cui ti ho parlato in precedenza è fortemente presente anche nelle relazioni fra esseri umani e animali. In quell'occasione si era manifestato nell'avvicinamento di quel gatto a Nadia, la mia compagna in quegli anni, a cui il micio assomigliava molto di carattere. Quando Nadia e io ci lasciammo, pochi mesi dopo, non vi fu alcun dubbio su chi avrebbe tenuto Ulisse con sé. Anche se fra noi non si creò mai un gran rapporto, quella prima esperienza con un animale domestico mi colpì e mi portò, qualche anno dopo, a desiderare la compagnia di un gatto tutto mio.

Avevo chiesto a un'amica se fra le sue conoscenze qualcuno avesse un maschio grandicello da affidarmi ma, quando arrivai a incontrare l'animale a me predestinato, mi ritrovai fra le mani una femminuccia di poche settimane. Vivevo solo in quel periodo e stavo attraversando una crisi importante. La piccola Polpettina rispecchiava perfettamente il mio stato agitato e irruento: aveva messo casa sottosopra e mi aveva costretto a ripensare completamente la mia vita per potermene prendere cura. Era un gatto libero che, nel bene e nel male, non si poneva limiti ed esigeva la mia massima attenzione. Io mi illudevo di poter dare priorità al lavoro e, dopo un primo periodo, ebbi il dubbio se tenerla con me oppure no. Un giorno, mentre pranzavo in terrazza, Polpettina scomparve dalla mia vista per qualche ora e furono alcuni vicini a trovarla prima di me, raccogliendola al suolo dopo un volo di sei piani. La piccola era viva, ma si muoveva con difficoltà. La portarono dallo stesso veterinario che l'aveva vista in fasce e che cominciò a prendersene cura prima ancora che io mi accorgessi della sua assenza. Quell'evento nefasto cambiò tutto: il suo carattere, il mio atteggiamento nei suoi confronti e il nascente rapporto con Claudia, che avevo iniziato a frequentare e che sarebbe diventata da lì a poco la mia compagna di vita. Le cure speciali che la gattina parzialmente paralizzata avrebbe necessitato negli anni a venire mi resero una persona differente che, pur non avendo figli, ha imparato a essere totalmente responsabile di un altro essere vivente.

Al di là della situazione straordinaria, è evidente che la compagnia di un animale è qualcosa che sollecita i nostri istinti, ci insegna a comunicare a un livello differente e, se lo permettiamo, ad aprire il Cuore alla vita. In questo tipo di rapporto non entrano in gioco i limiti della personalità e del giudizio. Un animale ci mostra che le emozioni possono essere vissute pienamente, nella loro forza dirompente, per poi trasformarsi in pochi istanti. Un animale ci può insegnare quanto i bisogni debbano essere assolti *senza se e senza ma*, quanto la vita possa essere semplice anche nelle situazioni che noi considereremmo sciagurate. Qualcuno afferma che l'essere umano sia il più evoluto tra gli animali e, benché possa essere vero da una certa prospettiva, sicuramente questo non ci aiuta nel raggiungere facilmente la serenità. Ciò che ci rende superiori agli altri animali spesso ci allontana dalla felicità.

In un libro che parla di questo argomento, non posso fare a meno di invitare chiunque non abbia mai avuto un animale domestico a farsi cambiare e guarire da questa esperienza, mettendo da parte ogni scusa. Un animale è un ponte straordinario verso la nostra essenza più autentica e verso l'ambiente naturale che abbiamo attorno, con il quale tutti abbiamo bisogno di riprendere contatto.

Ritorno alla Natura Originale

Cresciuto come molti in città, ho riscoperto l'importanza del legame con la natura solo dopo tanti anni di lavoro sulla coscienza. Ogni attività di consapevolezza, ogni lavoro con il corpo e con le emozioni accade in maniera enormemente più semplice quando viene svolto a contatto con gli elementi primordiali e la loro energia. Sempre più abituati al rumore delle metropoli, smettiamo di ricercare il silenzio interiore; sempre più agitati dalla frenesia della vita cittadina, dimentichiamo quale sia il ritmo innato che ci appartiene; sempre più presi dal consumismo, rinunciamo a godere della meraviglia animata che abbiamo attorno. Gli impegni ci affannano e noi perdiamo il piacere di stare fermi e ascoltare dentro di noi la felicità che già c'è. Terra, aria, acqua e fuoco ci avvolgono in un abbraccio nel quale possiamo trovare ciò di cui abbiamo veramente bisogno: sostegno per i nostri passi, calore per il nostro corpo, ossigeno per i nostri polmoni e nutrimento per la nostra bocca.

Mai avrei pensato di diventare l'avvocato di un'esistenza semplice anche se, devo dire la verità, mi sento ancora attratto dal luccichio della vita metropolitana. Sarei ipocrita se ti invitassi a rinnegare la tecnologia e l'urbanizzazione, ma sento che il futuro che ci stiamo costruendo ha bisogno di un ritorno al contatto a piedi scalzi con la terra, perché lì possiamo trovare la soluzione a molti dei problemi che ci affliggono. Per capire l'immenso potere di guarigione che la natura esercita su di noi dobbiamo esplorarne l'energia, infinitamente più grande e forte di quella che ognuno possiede in sé. Il contatto con la terra, l'albero o il mare ci riporta a un maggior equilibrio con noi stessi, lenendo le ferite che ancora rimangono da guarire. Ritrovare l'armonia con l'ambiente attorno a noi è essenziale, perché da esso possono derivare interferenze costruttive o distruttive per il nostro benessere. Questa è la vera spiritualità! Non il credere in un'entità trascendente che ci governa o giudica, ma riconnetterci all'universo in cui viviamo e sentire di essere nel posto giusto.

Dopo esserci occupati a lungo di tutto ciò che possiamo controllare – dalle emozioni alle relazioni, dal lavoro agli obiettivi – giunge il momento di considerare ciò a cui dobbiamo arrenderci: il silenzio, la saggezza innata, la solitudine e la ricerca interiore. Tantissime persone infelici faticano a fermarsi e a chiudere gli occhi, perché il rumore che hanno dentro diventerebbe un frastuono. Molti non colgono la differenza fra *stare* da soli e *sentirsi* soli, così riempiono la vita di compagnie vuote. La difficoltà a restare in contatto con noi stessi nasce sempre dalle ferite che ci portiamo dietro e che dobbiamo togliere di mezzo prendendocene cura. Più il conflitto là fuori si acuisce, più ci ritroviamo di fronte a una scelta: far parte di coloro che combattono o di coloro che si arrendono. E la scelta più coraggiosa *non* sarà continuare a opporsi.

L'ultimo chilometro verso la felicità, lo dobbiamo percorrere diventando *soli*… che risplendono di una profonda fiducia nella vita e di una pace che permane anche nei momenti più difficili. Non possiamo far molto affinché risorga, soltanto lasciare spazio. Dobbiamo smettere di combattere o di giudicare, essere disposti ad amare ogni cosa, meditare, ricercare.

Trovare un momento di riflessione in ogni giornata è un atto straordinario che, attraverso gli anni, ci condurrà a riordinare la nostra vita. Puoi scegliere di farlo meditando formalmente a gambe incrociate o immergendoti nella contemplazione di un paesaggio.

Dopo aver lavorato a lungo per trasformare tutto ciò che nella nostra vita non funzionava come volevamo, esercitando il nostro potere creativo, dovremo arrivare a un punto in cui fermarci. Attraverso l'ascolto, giungeremo a riconoscere che nel presente è tutto già perfetto così com'è.

Può sembrare un controsenso, ma non lo è: solo dopo aver compiuto il nostro volere, esercitando le nostre facoltà, riusciremo a vivere il presente senza guardare inutilmente indietro e auspicare che qualcosa fosse andato diversamente.

Meditare è stato per me fondamentale e, ancora dopo sedici anni, continua a insegnarmi come trasformare il giudizio in discernimento, la logica in intuizione, il dogmatismo in flessibilità, il progresso in una via sempre libera da percorrere. Sembra facile parlare di gratitudine, altruismo e amore incondizionato, ma nella vita quotidiana dobbiamo fare i conti con tante strutture fisiche ed energetiche che ci impediscono di vivere liberamente questi sentimenti (e su cui possiamo lavorare affidandoci alla prima parte di questo libro). Il Cuore e la coscienza sono *muscoli* da allenare ogni giorno e la palestra della meditazione potrà aiutarti in questa sfida. Quando vorrai iniziare questa avventura, sarò felice di essere al tuo fianco nella pratica (https://got.am/meditazione).

Ritrovare la Felicità Innata

Un libro che parla di felicità non può avere un inizio né una fine, perché quel sentimento che sorge spontaneo in noi può essere desiderato ma non costruito, può emergere ma anche affievolirsi da un istante all'altro per poi tornare a farsi sentire con tutta la sua forza quando meno ce lo aspettiamo... fino ad accompagnarci stabilmente lungo questo viaggio che è la vita, quando lo avremo accettato davvero nella sua interezza.

Dovremo ricercare quella sensazione profonda dentro di noi, riducendo le interferenze del mondo attorno ma anche affrontando le mezze verità che ci raccontiamo per andare avanti ogni giorno.

La felicità è alla portata di chiunque, non serve essere un maestro illuminato o possedere un dono speciale. È però necessario vivere senza paura e – lo ribadisco un'ultima volta – con coraggio. Bisogna salire gli infiniti gradini della consapevolezza con entusiasmo e frequenti pause per poterci godere ogni singolo respiro. Se saremo costanti, tutto diverrà più facile con il tempo. Gli strumenti che ci aiuteranno, qualunque sia il loro nome o la loro origine, ci porteranno sempre di più nel Qui e Ora.

Infine, quando avremo trovato il perfetto equilibrio tra fare e non fare, la felicità vera emergerà dentro di noi. Ci renderemo conto che è sempre stata lì ad aspettarci e che le abbiamo girato attorno per tutto questo tempo, mentre lei attendeva solo il momento giusto perché noi ci fermassimo e le sorridessimo.

Marco Cattaneo GOTAM

Reiki, Meditazione, Massaggio

Seminari e Sessioni Individuali a <u>Roma</u>, <u>Milano</u>, <u>Torino</u>, <u>Bologna</u> e <u>Gran Canaria</u> e, in casi specifici da valutare, <u>a distanza</u>.

www.marcocattaneo.it

Biografia dell'Autore

Marco Cattaneo GOTAM, Ipnotista, Maestro di Meditazione e Mindfulness, Master Reiki. Ha dedicato diciotto anni a pratiche di sviluppo personale, entrando in contatto con molte discipline per il benessere di corpo, mente, emozioni e spirito.

Dal 2008 al 2022 ha erogato 160 seminari intensivi, 250 workshop brevi e aiutato persone in oltre 5.400 sessioni individuali.

Ha fondato l'Accademia GOTAM, attraverso la quale raggiunge ogni giorno 350 praticanti, supportandoli nel loro percorso di consapevolezza con sessioni personali e di gruppo.

È ambasciatore dei paradigmi della Salute Integrata, del Nuovo Successo e della Nuova Ricchezza attraverso corsi e pubblicazioni. Grande appassionato di tecnologia e viaggi, vive sull'isola di Gran Canaria e opera principalmente fra Spagna e Italia.

«Molti pensano che occuparsi di crescita personale significhi essere sempre felici, passare tutto il giorno a meditare o raggiungere forsennatamente obiettivi. Al contrario, significa essere guidati dall'anima a realizzare le proprie qualità umane, surfare le onde della vita e tendere la mano a chi ti passa accanto. Credo fermamente nell'integrazione fra spirito e materia, nello sviluppo di una mente consapevole, di un Cuore aperto e di una vita colma di ricchezza» – *Marco Cattaneo GOTAM*

Riferimenti Web

Autore

https://marcocattaneo.com

Skype: marcoscnask

E-mail: info@got.am

Accademia di Meditazione GOTAM

https://www.accademiadimeditazione.it

https://got.am

Libri Collana Modellamente

https://modellamente.com

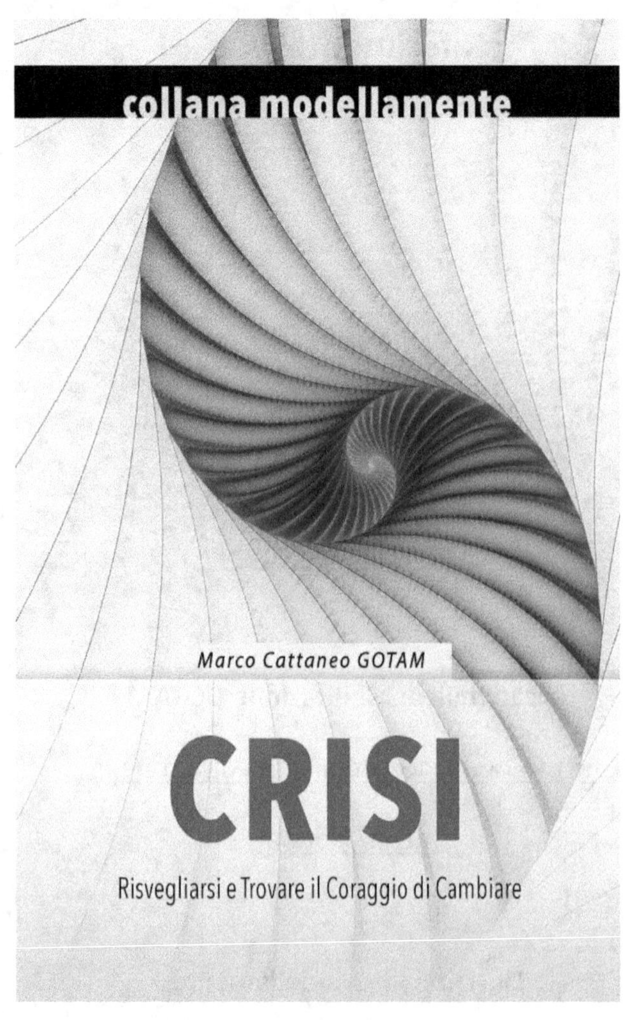

Per Approfondire

https://got.am/crisi

Per Approfondire

https://got.am/meditazione

Per Approfondire

https://got.am/intuizione

Per Approfondire

https://got.am/successo

Ringraziamenti

Ringrazio i miei Maestri, istruttori e insegnanti, che dal 2007 fino a oggi mi hanno permesso di accumulare conoscenze, strumenti e passi concreti verso la felicità vera.

Sono grato alla vita, perché attraverso le sue esperienze, per quanto difficili, mi ha permesso di crescere e sentirmi una persona sempre più integra e di valore.

Questo libro, come ogni altro della Collana Modellamente, non potrebbe esistere se non grazie alla collaborazione con Claudia Marchione, editor e proofreader di questo testo, nonché compagna di vita e socia nel marchio di produzione editoriale GOTAM CAMDA MEDIA. Grazie, Claudia, per l'ispirazione, il supporto e l'Amore che porti nella mia vita ogni giorno.

Un ringraziamento speciale, infine, va a tutti i lettori come te, per i loro messaggi di stima, la condivisione delle loro storie e la possibilità di contribuire che mi offrono.

Se questo libro ti è piaciuto, per favore lascia la tua recensione su Amazon: ci aiuterai a farlo arrivare al maggior numero di persone possibile.

★ ★ ★ ★ ★

Indice